Johanna Hoerning und Philipp Misselwitz (Hrsg.)

Räume in Veränderung – Ein visuelles Lesebuch

Ein- und Ausblicke des interdisziplinären Forschungsverbundes zur Refiguration von Räumen

Inhalt

Alle machen Raum. Vorwort der Herausgeber*innen   4
Johanna Hoerning, Philipp Misselwitz

Veränderungen neu denken: 8
Das Ende einer spezifischen Geschichte
Gespräch mit den Sprecher*innen des Forschungsver-
bundes, Martina Löw und Hubert Knoblauch

01 Städtisches Leben während Corona   26
Talja Blokland, Daniela Krüger, Henrik Schultze,
Robert Vief, Jule Benz

02 Wer ist die *global middle class*?   38
Kosmopolitismus in Kenia
Eva Korte, Gunter Weidenhaus

03 MigraTouriSpace   50
Stefanie Bürkle, Janin Walter, Ilkin Evin Akpinar,
Tae Wong Hur, Gabriel Banks

04 Imaginationen von Sicherheit und Zuhause in einer   62
globalisierten Welt
Ilse Helbrecht, Carolin Genz, Lucas Pohl, Janina
Dobrusskin, Carl-Jan Dihlmann

05 Raumwissen junger Menschen im Wandel   74
Anna Juliane Heinrich, Angela Million, Ignacio Castillo
Ulloa, Jona Schwerer

06 Die transregionale Tomate   88
Linda Hering, Julia Fülling

07 Raumaneignungen an Orten des Asyls   100
Philipp Misselwitz, Ayham Dalal, Antonia Noll, Anna
Steigemann

08 Überall und nirgends. 116
NGOs zwischen lokaler und globaler Wirksamkeit
Johanna Hoerning, Theresa Adenstedt, Paul Welch
Guerra

09 Mauern aus Papier, Mauern aus Stein 130
Fabian Gülzau, Kristina Korte

10 Raumschiff Kontrollzentrale: 142
Sie sind mitten unter uns
David Joshua Schröder, Arne Janz

11 New Sondgo City 154
Timothy Pape

12 Digitales städtebauliches Planen 168
Gabriela Christmann, Sophie Mélix, Martin Schinagl

13 Lokative Medien und die Wahrnehmung hybrider 178
Räume
Eric Lettkemann

14 Auf der Suche nach translokalen Öffentlichkeiten 190
Alexa Keinert, Daniela Stoltenberg, Barbara Pfetsch,
Annie Waldherr

15 Eine kleine Version der großen Öffentlichkeit auf 202
Weltreise
Volkan Sayman, Jannik Schritt

16 Methoden-Lab als Experimentierraum 214
Séverine Marguin

A bigger translation 226
Tiziana Beck, Johanna Benz

Projektglossar 228

Biographien 234

Alle machen Raum

Vorwort der Herausgeber*innen
Johanna Hoerning, Philipp Misselwitz

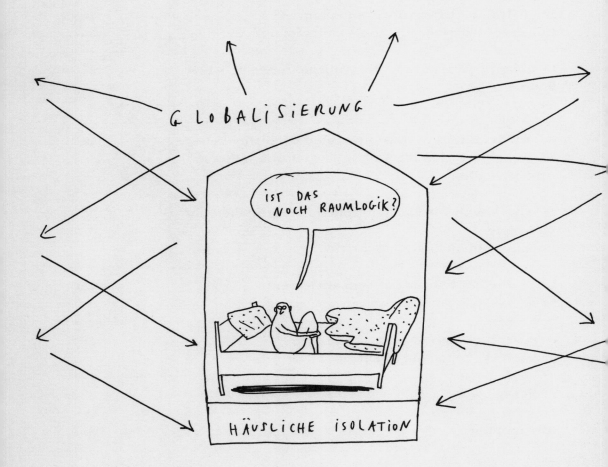

Die Beiträge dieses Bandes beschäftigen sich mit etwas hochgradig Alltäglichem: Raum. Er ist so alltäglich, dass wir meinen, er umgebe uns einfach, sei einfach da.

In seiner materiellen, haptisch greifbaren, dinglichen Seite ist Raum tatsächlich *da*; dies ist aber nur eine Betrachtungsweise, denn Raum wird immer auch gemacht: von uns selbst, von Menschen, Organisationen und anderen sozialen, politischen und ökonomischen Zusammenhängen. Wenn zum Beispiel Ideen, Ansprüche oder Träume darüber ausgetauscht werden, wie eine städtische Brache neu genutzt werden könnte, wird es schnell offensichtlich, wie unterschiedlich wir über Raum denken. Wer wir sind, was wir wissen, in welche Kontexte wir wie eingebunden sind – die soziale Praxis des Raummachens –, bestimmt unsere Vorstellung von Raum. Ein Wald scheint zunächst erst einmal *da* zu sein; doch für unterschiedliche gesellschaftliche Akteur*innen kann er Unterschiedliches bedeuten und somit sehr verschieden wahrgenommen werden: Für den einen ist der Wald Natur oder Naherholungsgebiet, für die andere etwa Quelle eines zu verarbeitenden Rohstoffs ... Alle diese Zuordnungen, Bedeutungen, Bindungen an bestimmte Praktiken, Organisationen oder soziale Kontexte bestimmen unsere Sicht auf Raum. Raum ist nicht einfach nur *da*, sondern wird zugleich auch *gedacht*, und somit ist er ein soziales Konstrukt.

Aber auch technische Veränderungen bestimmen unsere Vorstellungen von Raum. Der Geograph David Harvey hat sehr anschaulich gemacht, wie sich mit fortschreitender Beschleunigung der Transportbedingungen vom Pferdewagen zum Düsenjet unsere Vorstellung von der Welt verändert haben. Denn unsere Perspektive auf unsere Vorstellung von Nähe und Distanz reduziert sich räumlich und zeitlich gleichermaßen – ein Phänomen, das Harvey »time-space compression« nennt. Globalisierung ist, so gesehen, ein über Jahrhunderte andauernder Prozess in einer Welt, die in unserer Vorstellung einerseits immer kleiner wird, in dem Maße in dem wir sie schneller und umfassender durchschreiten können; andererseits wird Raum dabei immer komplexer. Der Begriff Global Cities spricht zum Beispiel davon, wie die Städte, in denen wir leben, auf unterschiedliche Weise durch Migration, Tourismus, durch Waren- oder Finanzströme mit anderen Orten der Welt und globalen Prozessen verbunden sind. Eine technische Erfindung, die diesen Prozess der globalen Verflechtung noch dramatisch verstärkt, ist die Digitalisierung. Neben den analogen Raum tritt so ein virtueller Raum, in den wir mit anderen Menschen an ganz unterschiedlichen Orten

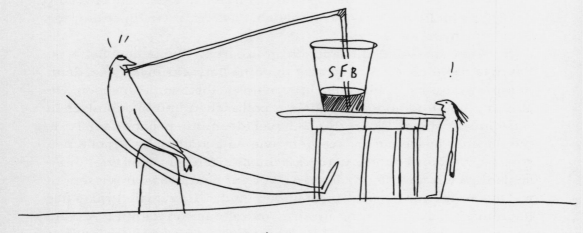

☐ SUPER - FRISCHE - BRAUSE

☐ SONDER - FIGURATIONS - BEDARF

☐ SONDER - FORSCHUNGS - BREI

simultan »eintreten« können. All diese Prozesse verändern unsere Vorstellung von Raum dramatisch. Er ist einerseits *da*, wird aber auch *gedacht*, *vermittelt*. Er ist in komplexen Bezügen mit der Welt verbunden und wird zunehmend über digitale Medien bestimmt.

Um diese immer größere Komplexität von Räumen und die Auswirkungen auf unser Handeln und Zusammenleben besser zu verstehen, hat sich der Sonderforschungsbereich (SFB) 1265 zur »Re-Figuration von Räumen« gegründet. Es geht darum, die Selbstverständlichkeiten des Alltäglichen in einer globalisierten, mediatisierten und zunehmend digitalisierten Welt neu zu entschlüsseln, die Art und Weise zu dechiffrieren, in der sie uns alle in unserem Handeln begleiten. Die Projekte des Forschungsverbundes finden dabei ganz unterschiedliche Zugänge, beschäftigen sich mit digitaler Überwachung in Kontrollräumen, sozialen Medien, digitaler Planung, neuen Organisationsformen, Raumwissen und Raumaneignungen von Kindern, Mittelschichtsangehörigen und Geflüchteten gleichermaßen sowie mit vielen anderen Dingen. Über die so entstehende »Empirie« soll eine Raumtheorie entwickelt werden, die die neuen Komplexitäten der uns umgebenden Räume beschreiben und deuten kann.

Doch Raumtheorien bedienen sich oft einer sehr abstrakten und komplexen Sprache. Wie können Erkenntnisse des Forschungsverbundes trotzdem schlüssig vermittelt werden und damit von der Universität den Schritt in die Gesellschaft meistern? Welche Formen der Übersetzung können helfen, Raumtheorien zugänglicher zu machen? Welche Übersetzer*innen brauchen wir dafür?

Dafür erschien uns das Medium der Bilder besonders gut geeignet. Das kommt nicht von ungefähr. Unser Forschungsverbund ist von vielen Diskussionen über das Verhältnis zwischen dem Gesprochenen, dem Geschriebenen und dem visuell Dargestellten geprägt. Architekt*innen, Stadtplaner*innen, Kommunikationswissenschaftler*innen, Geograph*innen und Soziolog*innen gehen damit sehr unterschiedlich um: Während für die einen der visuelle Ausdruck nicht wegzudenken ist, ist er für die anderen ein *nice to have*. Insofern war uns schnell klar, dass es nicht einfach um irgendeine Form der Illustrierung gehen kann, sondern eine visuelle Übersetzung der Inhalte des SFB anzustreben ist.

Mit diesem Anspruch haben wir uns auf die Suche gemacht. Mit den Künstlerinnen Tiziana Beck und Johanna Benz haben wir Partnerinnen gefunden, die mit den Forscher*innen des SFB in einen Dialog auf Augenhöhe getreten sind. Es entstanden einzigartige künstlerisch-ästhetische, gleichermaßen kommentierende wie hinterfragende Zeichnungen, die in diesem Buch erstmals veröffentlicht werden, begleitet von zusammenfassenden Texten der Forscher*innen unseres Verbundes. Wir danken allen Beteiligten, dass sie sich auf dieses ungewöhnliche Format mit viel Begeisterung eingelassen haben – und natürlich vor allem Johanna Benz, Tiziana Beck und Sara Bock (Layout). Besonderer Dank gilt Lucie Bernroider, die uns in der Umsetzung und Fertigstellung großartig unterstützt hat.

Wir hoffen, dass diese Kommunikation zwischen Worten und Bildern, die oft ironisch humorvoll auch unseren Forschungskontext kommentiert, eine große Leserschaft für die Raumfragen begeistert, die uns beschäftigen. Wir hoffen auch, dass dieses Experiment die immer dringlicher werdende Diskussion, wie komplexe wissenschaftliche Diskurse einer breiten Öffentlichkeit zugänglich gemacht werden können, bereichern wird.

Viel Spaß beim Sehen und Lesen!

Veränderungen neu denken: Das Ende einer spezifischen Geschichte

Ein Gespräch mit Martina Löw und Hubert Knoblauch über die Refiguration von Räumen

Gesprächsleitung: Johanna Hoerning und Philipp Misselwitz (JP)

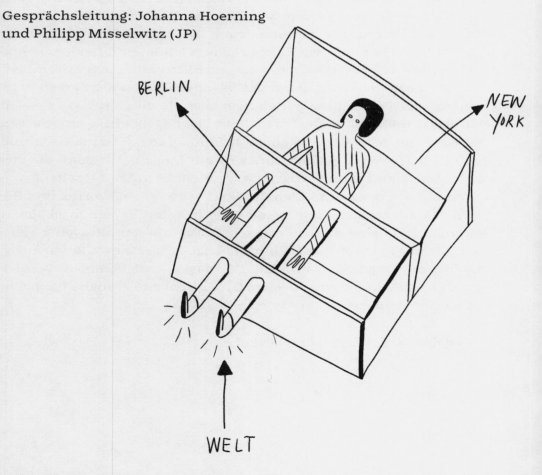

JP: Wie entstand eigentlich die Idee, einen Sonderforschungs-bereich (SFB) zur »Re-Figuration von Räumen« ins Leben zu rufen?

Martina Löw: Wir haben in Berlin die Möglichkeit gesehen, einen Forschungsverbund zu gründen. Ein SFB ist eine Form der Verbundforschung, in der die einzelnen Teilprojekte Aufgaben übernehmen, die notwendig sind, um eine Gesamtfrage zu beantworten. Dieses Potenzial, viele fachlich einschlägige Wissenschaftler*innen zu versammeln, hat man nicht überall. Berlin ist groß, hat viele Universitäten und Forschungszentren, aber es gab auch vor Ort bereits gut erprobte Kooperationen, auf die wir aufbauen konnten. Die Kolleg*innen wussten, wie sie gemeinsam forschen können und auch gemeinsam forschen wollen. Inhaltlich hat uns der Befund umgetrieben, dass wir gravierende Veränderungen im Verhältnis der Menschen zu ihren Räumen beobachten konnten. Wir sehen auf der einen Seite seit den 1960er-, 1970er-Jahren mehr Austausch, mehr Mobilität, mehr Formen von Vernetzung und weltweiter Abhängigkeit, kurz: räumliche Globalisierung. Und auf der anderen Seite beobachten wir seit den 1990er-Jahren durch Digitalisierungsprozesse eine starke Überlagerung von Räumen und ein kommunikatives Handeln auf verschiedenen Maßstabsebenen gleichzeitig. Handlungen erfolgen gleichzeitig in virtuellen und in realweltlichen Umgebungen. Ein Beispiel: Wenn Sie in den 1960er-Jahren für ein Jahr in die USA gegangen sind oder sogar in die USA migriert sind, oder in ein anderes fern liegendes Land, dann haben Sie oft Wochen gewartet, bis Sie eine Zeitung aus dem Herkunftsland vor Ort lesen konnten. Das heißt, Sie waren von Nachrichten aus dem Land, wo Sie herkamen, erstmal weitgehend abgeschnitten und Sie konnten wochenlang sparen, um sich einmal ein 10-Minuten-Ferngespräch nach Hause zu leisten, weil es einfach sehr teuer war. Und wir haben in den 1990er-Jahren dann eine Situation gehabt, in der Sie sich jederzeit über Videoplattformen mit der Familie zu Hause zusammenschalten konnten. Sie können nun per Videokonferenz beobachten, welche Möbel neu gekauft werden, wie die Kinder aufwachsen. Sie können stündlich die Nachrichten verfolgen, das heißt: Sie sind ganz anders in beiden Welten zu Hause. Oder denken wir an das Phänomen der Navigationssysteme, die räumliche Orientierung verändern. Wir erleben auch eine Digitalisierung von Planungsprozessen. Kurz, wir leben in einer Phase sehr grundlegender Veränderungen der räumlichen Verhältnisse, die auch eine fundamentale Reorganisation des Sozialen mit sich bringen. Und nun haben wir in Berlin die großartige Situation, weil wir hier Raumsoziologie, Kunstforschung, Architektur und Planung an der TU Berlin lehren, aber wir haben auch Geographie an der HU Berlin und Kommunikationswissenschaft an der FU Berlin. Das ist einfach wirklich eine einzigartige Konstellation in Deutschland und ehrlich gesagt ist sie auch weltweit ziemlich einmalig.

Hubert Knoblauch: Das ganze Projekt ist ein grundlagentheoretisches Projekt, das ist bei DFG-Forschungsprojekten jeder Form so und das bedeutet, dass wir einen relativ theoretischen Anspruch haben. Das ist bei der Soziologie noch verstärkt. Hier verdichtet sich das so ein bisschen in dem Begriff der Refiguration, von dem wir immer dachten, dass er eine besondere Anschaulichkeit impliziert. Also die Idee, der wir folgen, war, dass wir im Unterschied zu einer, wenn man so will, fortwährenden Bewegung der Globalisierung, Ausweitung und dergleichen eher eine Art von Spannungsprozess sehen zwischen einerseits eben diesem Entgrenzungsprozess, der Globalisierung und der Netzwerk-Gesellschaft, die diese Art von Diffusion erklärt – und andererseits gleichzeitig Schließungsbewegungen, nicht als Überbleibsel einer vorigen Zeit, sondern als Reaktion darauf. Und diese Schließungsbewegungen werden etwa in Renationalisierungen vollzogen – zum Beispiel jetzt im Zuge von Corona natürlich: Schließung, alles wird geschlossen, bis in das Zimmer rein, völlige Isolationshaft, freiwillige, oder dergleichen. Und in Bezug auf diese Spannung, das ist ein bisschen das Komplexe, beschreiben wir nicht die Spannung selber, sondern die Refiguration als etwas, was sich aus dieser Spannung ergibt, also eine Art Wieder-, Neu-, Umordnung.

JP: Und wie kam es zum Begriff der Refiguration von Räumen?

Martina Löw: Wir haben in einer Gruppe von Kolleg*innen diskutiert, wie wir diesen Veränderungsprozess begrifflich fassen wollen. Man kann von Restrukturierung sprechen, man kann Transformation sagen, man kann es Wandel nennen. Aber bei Transformation hat man immer den Nachteil, dass unterstellt wird, man transformiere von einem Zustand in den anderen. Transformation ist kein Prozess, der andauert. Was wir beobachten, ist aber nicht nur, dass ein Zustand A in einen Zustand B übergeht, also wie Wasser zu Eis werden kann, sondern dass wir sehr heterogene Mischungen, Rückfälle, Überlagerungen haben. Der Begriff des sozialen Wandels passt schon besser, ist aber sehr weit gefasst. Er meint zu vieles gleichzeitig. So kamen wir zunächst zu Restrukturierung und präzisierten diese mit dem Begriff der Refiguration. Im Figurationsbegriff steckt wirklich soziologische Fantasie drin. Das Figürliche, was ja auch das Räumliche und das Körperliche ist, ist schon ein wichtiger Ansatzpunkt, um Veränderung neu zu denken – und zwar in Richtung körperlich-kommunikativem Handeln auf der einen Seite und Figurbildung in Räumen auf der anderen Seite. Der Soziologe Norbert Elias steht für eine Figurationstheorie, in der er Wert darauf legt, alles, was wir auf einer strukturellen Ebene sehen, auch in seinem Pendant, auf der individuellen körperlichen Ebene, zu beobachten. Noch ein Beispiel: In der Phase, in der sich Nationalstaaten herausbilden als räumliche Organisationsformen, beginnen auch die Menschen in ihren Praktiken die Körper zu schließen, also die Hand vor den Mund zu halten beim Gähnen zum Beispiel, nicht in der Öffentlichkeit zu pupsen etc. Der geschlossene Körper und der geschlossene Nationalstaat sind parallele Entwicklungen und man weiß gar nicht, was zuerst kommt und was das Andere zur Folge hat. Das ist ein Leitgedanke unserer Forschung, dass wir genauso auf die subjektiven Entwicklungen achten, also auf das Wissen, die Emotionen, wie wir auch auf die Institutionen und die großen Strukturen schauen. Der Grundgedanke, dass wir Veränderung nur darüber verstehen können, dass wir sozusagen im Kleinen und im Großen, im Objektivierten und im Subjektiven versuchen zu verstehen, was vor sich geht, prägt unsere Verbundforschung. Wir finden, dass wir uns mit der Begriffsschöpfung der Refiguration sehr gut auf den Weg machen können, um räumlich-soziale Veränderungen zu verstehen.

JP: Es klingt fast biblisch: Am Anfang steht das Wort.

Hubert Knoblauch: Ja, nee. Am Anfang steht der Streit, immer der Streit. Am Anfang war ein bisschen die Spannung aus den verschiedenen Konzepten, also mit Restrukturierung, Refiguration, und dann baute sich das ein wenig zusammen, eher so im Wechselspiel. Und was ich wichtig fand, ist natürlich, dass wir nicht nur den Refigurationsbegriff haben, sondern dass wir, was immer sozial vonstatten geht, immer und jederzeit auch räumlich verstehen. Also jede Form von Handlung, Interaktion, sozialer Beziehung ist immer auch eine räumliche Beziehung; und ich finde diese Ergänzung sehr wichtig, denn ich habe das einfach zum Beispiel vorher nicht beachtet. Das war schon eine gewisse Offenbarung. Wir reden nicht einfach von Refiguration, wir reden von Refiguration von Räumen; und wir verstehen die Räumlichkeit als eine Grunddimension des Sozialen, die auch jetzt in der Pandemie zum Beispiel die Differenz ausmacht. Dinge laufen, es ist nur räumlich ganz anders. Und das ist das Bedauerliche natürlich. Also das fände ich sehr wichtig hinzuzufügen, denn wir reden nicht einfach von Refiguration. Das wäre eine sehr abstrakte Veranstaltung. Wir reden über die Refiguration von Räumen.

JP: Der Begriff Refiguration wurde dann noch weiter qualifiziert durch weitere Konzepte wie Polykontexturalisierung, Mediatisierung und Translokalisierung. Könnt ihr vielleicht noch erklären, was diese Begriffe bedeuten? Und warum weitere Suchbegriffe notwendig waren?

Hubert Knoblauch: Eine der Forschungsentwicklungen, die allerdings auch schon von anderen Forschungsgruppen vorgebaut war, war die Mediatisierung. Da gab es einen großen Forschungsverbund. Das heißt eben, dass nicht nur die Digitalisierung, sondern dass alle Formen von Medienvermittlung von Handlung räumlich sind und die verschiedenen Medien unterschiedliche räumliche Begleiterscheinungen haben. Und das ist angesichts der Digitalisierung natürlich ein dramatischer Prozess. Klar, dass wir das hereinziehen müssen. Ich erinnere mich noch: Ich war 1990/91 in Kalifornien, ich habe alle vier Wochen einmal eine deutsche »Notzeitung« kaufen können, wenn ich es mir leisten konnte, und Telefonieren war ja immer noch teurer. Ich habe damals meine erste E-Mail auf Unix mit Anhang verschickt. Das war eine Revolution, das gab es damals nur in Berkeley, das ging sonst nirgendwo. Also das war 1990, das waren nicht die 1960er-Jahre, sondern das war in den 1990ern noch so dramatisch. Leute musste man besuchen, sonst hat man sie nicht oder kaum gesehen. Briefe zu schreiben, war noch ein Ding, das man damals gemacht hat. Und das Zweite, was wir unter Translokalisierung gefasst haben, also dass man an verschiedenen Orten gleichzeitig sein kann und die Orte verbunden sind: Das war eine Tendenz, die natürlich aus der Raumsoziologie kam. Und mit dem Dritten haben wir ein bisschen gespielt, das war so ein bisschen aus der Gesellschaftstheorie heraus. An den Anlass erinnere ich mich noch ganz gut: Wir hatten Uwe Schimank damals im Institutskolloquium, der über Niklas Luhmann gesprochen und im Wesentlichen die These aufgestellt hat, dass Luhmann selbst schon meint, dass jenseits dieser modernen differenzierten Gesellschaft eigentlich etwas anderes komme – und das sei die Polykontexturalisierung. Und das war ein sehr guter Anstoß, der sozusagen aus der theoretischen Entwicklung kommt, und das ist auch einer der Begriffe, der von den dreien der offenste war. Die Idee war relativ einfach. Dass natürlich Refiguration so ein großer Begriff ist, das können wir nicht fassen, also außer, wenn du Hegel heißt oder Luhmann. Deswegen der Versuch, das ein wenig herunterzukochen und handhabbar für die empirischen Forschungsprojekte zu machen.

JP: Könnt ihr das an einem praktischen Beispiel erklären?

Hubert Knoblauch: Also das ist ja bei der Digitalisierung relativ einfach. Ich kann ein einfaches Beispiel geben. Wir hatten ja ein großes Papstprojekt und hatten den Papstbesuch in Berlin und im Olympiastadion untersucht. Das Besondere war, dass wir beim Papst im Stadion natürlich die Leute sehen: triumphale Einfahrt des Papstes im Papamobil ... und wir sehen die Leute – doch da bekreuzigt sich niemand. Wenn der Papst vorbeigeht, da betet niemand, da fotografieren alle. Das ist für Katholik*innen eine dramatische Änderung des Rituals, das doch im Katholizismus so zentral ist. Und weiter: Die fotografieren nicht nur, sondern das Liveevent wird von ihnen automatisch übertragen, die nehmen auf, die vermitteln. Da ist zwar auch das Fernsehen dabei, doch das braucht es nicht mehr, sondern die Leute vermitteln das selbst weiter. Und wir sind dem auch gefolgt. Das sind die Bilder, die dann auch diese Art von Glaubensform jenseits der Kirche bilden. Das ist ja das Problem der katholischen Kirche: Sie hat es nicht mehr in der Hand, die Leute machen es selbst. Das ist eine Folge der Mediatisierung. Das ist eine völlige Umstrukturierung zum Beispiel einer solchen Geschichte im Raum und ein sehr schönes Beispiel für Mediatisierung mit mehreren Medien an dieser Stelle. Und das geschieht gleichzeitig. Also, das ist da absolute *Räumlichkeit*, das ist wie Relativitätstheorie. Zack – zum selben Moment, das ist die Implosion der Zeit in den Raum *(lacht)*. Entschuldigung, wenn ich so pathetisch werde. *Gleichzeitig* ist die Pointe. Gleichzeitigkeit ist auch die Pointe bei der Polykontexturalisierung. Also wir haben das beim Kontrollraumprojekt, bei den Kontrollräumen. Bei denen, die wir hier in Berlin haben, aber noch mehr bei den asiatischen ist es so, dass wir einerseits Mediatisierung haben. Zum Teil können wir vermittelt eingreifen in die Geräte, die dort arbeiten, und sie gleichzeitig von hier beobachten – das wäre Translokalisierung. Das Besondere ist aber, dass die aus dem Kontrollzentrum gleichzeitig an verschiedenen Orten zum Beispiel eine Plakette beobachten, zum Beispiel gleich mit dem Ordnungsamt in Verbindung stehen oder gleichzeitig das Busdepot ansprechen – dass die mit verschiedenen Orten und an verschiedenen Orten gleichzeitig verschiedene Aufgaben lösen und dort in verschiedenen Kontexten zugleich eingreifen können. Das heißt zum Beispiel: Straßenverkehr soll laufen, da soll niemand auf der Parkspur stehen, wo die Busse fahren müssten. Das beobachten die mit den Kameras. Aber gleichzeitig wird auch eine Bestrafungsaktion durchgeführt, sobald jemand da parkt. Gleichzeitig wird auch die Polizei darüber informiert, Strafzettel werden verteilt, Abschleppfirmen informiert und dergleichen. Diese verschiedenen Dinge laufen an einem Punkt zusammen. Und Digitalisierung bedeutet: Das wird dann auch noch alles automatisch gemacht. Nicht alles allerdings, weil es auch in Südkorea rechtliche Regelungen gibt. Also die mussten da jemanden noch zu den parkenden Autos hinschicken, der sich der Sache persönlich rückversichert. Aber diese Verkopplung verschiedener Tätigkeiten an verschiedenen Orten mit ganz verschiedenen Aufgaben von einem zentralen Ort aus, das ist so was, was als Polykontexturalisierung auftritt.

JP: Der Forschungsverbund ist ja nun interdisziplinär aufgebaut. Wie müssen wir uns das vorstellen? Wie funktioniert die interdisziplinäre Zusammenarbeit im SFB?

Martina Löw: So ein SFB ist immer so gebaut, als stünden alle unter einem Schirm. Der Schirm ist der theoretische Rahmen und da drunter versammeln sich die verschiedenen Projekte. Sie beziehen sich auf den Schirm und gestalten ihn interdisziplinär weiter. Es war uns wichtig, eine Rahmenkonzeption zu entwickeln, die es ermöglicht, dass alle unter diesem Schirm Platz finden. Wenn manche im Regen stehen, macht das ganze Unterfangen als Verbund keinen Sinn. Inhaltlich haben wir mit den Konzepten wie Mediatisierung, Translokalisierung und Polykontexturalisierung, über die Hubert

Knoblauch gerade gesprochen hat, Perspektiven auf den Prozess räumlicher Veränderung entwickelt, die auf der einen Seite naheliegend sind, zumindest was Mediatisierung und Translokalisierung betrifft, weil sie in dem Forschungsstand schon etabliert sind. Gleichzeitig und auf der anderen Seite helfen diese Perspektiven uns, die Forschungen der Teilprojekte aus verschiedenen Disziplinen auf ähnliche Fragen zu beziehen. Das war durchaus offen gemeint. Es hätte auch sein können, dass alle sagen: »Translokalisierung, das bringt es nicht, wir müssen etwas anderes nehmen.« Aber die Perspektiven haben sich bewährt und Polykontexturalisierung klingt erst einmal kompliziert, aber hat sich als eine überaus anregende Sichtweise herausgestellt.

Die räumlichen Verhältnisse verändern sich fundamental und das hat ganz wesentliche Auswirkungen auf die Art und Weise, wie Gesellschaften sich formieren und wie sich Gesellschaften zueinander formieren. Um einen so komplexen Prozess verstehen zu können, braucht man ein interdisziplinäres Team. Man benötigt diejenigen, die sich mit dem gebauten Raum auskennen – also man braucht Architektur und Stadtplanung, weil sonst ist man ganz schnell vor allem bei symbolischen Prozessen oder bei den Fragen, wie etwas erfahren wird, und nicht auch bei Fragen, wie etwas als gebauter Raum strukturiert wird. Und wenn man denkt, dass Mediatisierung wichtig ist, dann braucht man so ein Fach wie Kommunikationswissenschaft, das sich genau mit diesen Phänomenen beschäftigt. Und dann gibt es eine Disziplin, die sich selbst versteht als die Disziplin, die ihren Gegenstand über Raumanalysen definiert. Das ist die Geographie. Sie bringt natürlich ganz viel Wissen darüber mit, wie man Raum relational denken kann. Raum wird in modernen Gesellschaften noch viel zu oft als etwas begriffen, was Verhältnisse schlicht determiniert. Schnell scheint alles nur von den Behälterräumen abzuhängen: Der Raum scheint zu klein oder fehlt. Und das wird als Legitimation genommen, andere Länder zu kolonialisieren, zu überfallen, anzugreifen. Um diesen Raumdeterminismus zu vermeiden, benötigt der Verbund kultur- und sozialwissenschaftliche Expertise.

Wir wollen vermeiden zu sagen: »Okay, dann kümmern wir uns gar nicht um den Raum, die Zeit, die ist uns viel sympathischer. Dann denken wir einfach über zeitliche Veränderungen nach und machen nichts mehr zu Raum.« Wir wollen Raum selbst prozesshaft und relational denken, als ein dynamisches Gebilde.

Interdisziplinarität heißt in der Verbundforschung durchaus auch, dass es eine Leitdisziplin geben kann. Das ist in unserem Fall die Soziologie. Das Konzept und die Fragestellung sind in vielen Punkten aus der Soziologie heraus entwickelt worden. Die Art und Weise, über gesellschaftliche Veränderung mittels Raumanalyse nachzudenken, ist genuin soziologisch. Auch die Art und Weise, wie wir die Begriffe gefasst haben, setzt ziemlich viel Know-how aus unterschiedlichen soziologischen Teilbereichen voraus. Wir integrieren Wissensbestände aus der Stadtsoziologie, aber auch aus der politischen Soziologie, der Wissenssoziologie, der Wirtschaftssoziologie. Und die Aufzählung ist keineswegs vollständig. Methoden sind uns sehr wichtig. Auch das ist ein Feld, in dem wir sehr gut interdisziplinär arbeiten können.

Personell arbeiten in einem SFB vor allem Kolleg*innen mit, die bereits Erfahrung mit Grundlagenforschung haben, da Verbundforschung schwieriger ist, als ein Einzelprojekt zu leiten. Aber wir bemühen uns auch, junge Wissenschaftler*innen zu integrieren. Interdisziplinäres Arbeiten funktioniert relativ reibungslos, wenn man die richtig guten, kreativen Leute versammelt, mit denen es auch auf persönlicher Ebene Spaß macht zusammenzuarbeiten. Das ist in unserem SFB gelungen. Interdisziplinarität braucht Menschen, die kollegial sind, die gerne und produktiv in einem Verbund arbeiten.

Hubert Knoblauch: Es ist auch eine ungewöhnliche Konstellation, weil wir uns als Soziolog*innen an dieser Fakultät sozusagen schon automatisch in einem raumwissenschaftlichen Umfeld befinden mit Architektur, Stadtplanung und dergleichen. Und das ist schon sehr ungewöhnlich, das ist so eine Art Alleinstellungsmerkmal.

JP: Welche Konflikte entstehen in der interdisziplinären Zusammenarbeit?

Martina Löw: Wir sind relativ viele Soziolog*innen im Verbund. Die anderen denken schon manchmal: Was tun die Soziolog*innen da? Was haben die da jetzt wieder für Begriffsprobleme? Ich glaube, wir sind manchmal auch eine Zumutung für die anderen, aber: Alle haben weitergemacht oder mussten aufhören, weil ihre Stellen ausliefen, hätten aber gerne weitergemacht. Das spricht dafür, dass die Bilanz eher so ist, dass man mehr von dem Verbund hat, als man leidet unter einer Konstellation, in der man einfach manchmal nicht sieht, warum dieses Gespräch jetzt relevant sein soll. Ich glaube, das ist vielleicht der wichtigste Punkt für interdisziplinäres Arbeiten in einem Verbund: Gelassenheit, wenn in einer Disziplin leidenschaftlich etwas besprochen wird, wovon man selbst nicht erkennt, warum das für relevant erachtet wird. Nachfragen ist wichtig. Das Übersetzen oder Erläutern der eigenen Relevanzen auch. Auf diese Weise kann es gelingen, dass die Bilanz so ist, dass weniger Langeweile und mehr Anregung im Verbund möglich sind. Warum machen wir das eigentlich? Es ist schon irre viel organisatorische Arbeit, aber es ist eben wirklich so, dass ich in den letzten drei Jahren ganz dicht Anregungen für das, was ich denke, bekommen habe. Ich möchte das gemeinsame Nachdenken, auch mit den vielen internationalen Gastwissenschaftler*innen, nicht missen.

JP: Die Themen, die ihr aufgeworfen habt, sind ja sehr gesellschaftsrelevant, ansprechend und alltagsbezogen. Und dann könnte man an sich von außen vielleicht fragen: »Ja, warum schlagen die sich die Köpfe ein in diesem Wissenschaftsbetrieb?« Seht ihr den SFB als einen Vorboten für eine Zukunft wissenschaftlichen Arbeitens, das grundsätzlich viel interdisziplinärer sein könnte?

Hubert Knoblauch: Ich meine, die SFBs sind für sich insgesamt dafür gedacht, dass sie diese Interdisziplinarität aufbauen sollen. Das ist nicht unsere Erfindung, aber was wir machen, sind natürlich zum Beispiel diese *sensitizing visits* und andere Formate, die wir bauen, mit denen wir versuchen, Gespräche herzustellen, diese Art Kommunikation zwischen den Disziplinen zu führen. Die zusätzliche Idee, die wir verfolgen, besteht darin, diese ganze Kooperation zu beobachten, zu erforschen und zu reflektieren. Das hängt ja damit zusammen, dass wir mit der Differenz dieser Disziplinen nicht einfach umgehen, sie irgendwie praktisch bewältigen, sondern versuchen wollen, da was zu basteln. Und wir basteln tatsächlich an etwas Neuem. Also wir haben ja auch mit Séverine Marguin zusammen mehrere Formate der interdisziplinären Kollaboration. Wobei ich da durchaus zwei Seiten sehen würde. Ich meine, das kennt ihr auch, es gibt so eine Art von Konvergenz- und Divergenztendenzen. Das heißt, ich glaube nicht, dass wir tendenziell dazu beitragen, dass die Disziplinen sich auflösen, aber eine der Ideen – das hat Martina auch schon angedeutet – ist schon so eine Art von sozialwissenschaftlich ausgerichteten Raumwissenschaften. Und das haben wir zum Beispiel ja dann in den Methoden schon probiert, dass die Leute in verschiedensten Bereichen mit ihren Methoden arbeiten, dass wir da so eine Art gemeinsamen Werkzeugkasten zusammenbauen. Und bei den Formaten versuchen wir es auch ein bisschen. Das ist mit den Online-Meetings per Videokonferenz jetzt eine Katastrophe, offen gestanden. Das merkt ihr ja selber, dass wir jetzt andere Sachen gebaut hätten, also Formate, wie sich Leute treffen, wie sie miteinander kommunizieren, aber auch was da zustande kommen soll. Diese Art von Alleinstellungsmerkmal, die Martina betont hat, bedeutet auch, dass diese verschiedenen Disziplinen dauerhaft zusammenarbeiten können und sich möglicherweise dann eins von diesen eher transdisziplinären Verbünden daraus für die Dauer entwickelt. Das wird auch ein bisschen mit dem Verlauf des SFB zusammenhängen. Wenn er über drei Phasen läuft, dann kann er diesen Effekt auch tatsächlich haben über die Universitäten in Berlin hinweg.

JP: Woher wusstet ihr, dass ihr so etwas wie ein Methoden-Lab, wie Séverine Marguin das anbietet, braucht?

Hubert Knoblauch: Offen gestanden war ich davor an einem SFB beteiligt, für den wir eine ähnliche Stelle konzipiert hatten. Aber die Idee ist die einer reflexiven Wissenschaft, die nicht einfach nur Wissenschaft betreibt, sondern beobachtet, was sie betreibt, um die Methoden nicht einfach über die Autorität ihrer Institution zu behaupten, sondern die Methoden transparent zu machen, wie sie praktisch betrieben werden. Das gilt für uns, für die Sozialwissenschaften, ganz besonders, weil wir ja – also als geborener Konstruktivist ist das naheliegend – selbst Weisen sind, wie wir Wirklichkeit erzeugen, in diesem Falle Daten. Und deswegen sollten wir die beobachten, weil wir die Wirklichkeit nicht verdinglichen, sondern untersuchen. Insofern ist die Reflexion dieser gesamten Geschichte eigentlich Teil des sozialwissenschaftlichen Unternehmens, das wir als eine Form der empirischen Wissenschaftsforschung ansehen. Zum Zusammenarbeiten: Es gibt nicht so viele Probleme, die Leute bei ihren Disziplinen zu halten, weil die ganzen Prae Docs zum Beispiel ja in ihren Fächern promovieren. Die sind also schon in ihren Fächern verankert und haben diese Orientierung. Es gab so Formate, die Labore waren sehr gut; die Formate des HKW [Haus der Kulturen der Welt] zum Beispiel waren sehr hübsch. Da saßen wir gemeinsam, auch mit der Öffentlichkeit. Es gab auch eine andere Linie: Wir haben zum Beispiel quer über den SFB diese Datensitzungen eingespielt, also Datensitzungen von Leuten aus mehreren Projekten, die ihre empirischen Daten vorstellen, gemeinsam interpretieren, um ihre Interpretation und Analyse auch von den anderen testen oder bestätigen zu lassen. Und das hat sich auch als ein Format bei den Prae Docs sehr gut eingespielt – Leute aus verschiedenen Fächern, die auch räumlich zusammen waren, im Gebäude, aber auch darüber hinweg. Sie treffen sich und sie machen das auch digital noch. Wir machen das übrigens auch dauernd. Und das ist so ein Ding, das über die Disziplinen hinaus entstanden ist.

JP: Die Pandemie habt ihr ja schon erwähnt. Wir würden gerne natürlich darüber sprechen, was eigentlich mit Covid, mit der

Pandemie, passiert ist, und zwar auf den unterschiedlichen Ebenen. Also einerseits für das Thema der Refiguration: Hat das neue Fragen aufgeworfen oder hat es das einfach zugespitzt als eine Art erweiterte Refiguration? Und dann natürlich für den SFB und für das Zusammenarbeiten: Wie hat sich das konkret verändert?

Hubert Knoblauch: Wir haben sehr früh in der Corona-Krise darauf reagiert, also auf die Krise des Raumes. Die Idee war schon, dass eine Spannung entsteht. Die haben wir als Dichotopie bezeichnet. Also zwischen einerseits der Begrenzung von Räumen – ich meine, sogar Landkreisgrenzen wurden geschlossen, Leute sind in Häusern, wir haben eine Ausgangssperre und so weiter und so fort: Wie will man Containerräume noch schöner und enger fassen? Gleichzeitig erkennt man aber natürlich die aus der Globalisierung ausgelöste massive Digitalisierung, die all die Leute, die vereinzelt sitzen, dann wieder auf Weisen zusammenbringt, um Texte zusammen zu erzeugen und dergleichen. Es ist eine Radikalisierung der Spannung, von der wir in der Refiguration schon sprachen. Sie ist also auf die Spitze getrieben und die Vermutung wäre, dass das natürlich hoffentlich zurückgeht, deutlich zurückgeht, dass wir aber dennoch mit den Tendenzen, etwa den Problemen der Innenstädte zum Beispiel, der Bürogebäude und dergleichen zu tun haben werden. Diese Tendenzen sind präsent und in gewisser Weise – und das war auch unsere These gleich am Anfang – geht es genau um Raum, es ist eine Raumkrise.

Martina Löw: Ich finde, wir haben das Beste daraus gemacht, aber die Pandemie war und ist eine enorme Belastung. Fachlich gesehen hat die Pandemie uns allerdings durchaus zum Weiterforschen angeregt. Ergänzend zu Hubert Knoblauch kann man erwähnen, dass der Virus selbst ja keine Grenzen kennt. Er ist ja quasi das Böse der Globalisierung in der sozialen Wahrnehmung. Und damit sehen wir zwei Zirkulationseffekte in der Refiguration: auf der einen Seite die Digitalisierung, die viele als Segen erleben, als die Möglichkeit, in der häuslichen Isolierung sich doch zu vernetzen; und auf der anderen Seite auch die Zirkulation des Virus, der uns überhaupt erst in diese Situation gebracht hat. Da sieht man ganz gut die Spannung, dass keine Raumfigur, also weder der Container noch das Netzwerk, schlicht gut oder böse ist. In der nächsten Phase des SFB wird es noch einmal richtig spannend werden, wenn wir verschiedene Raumlogiken erkunden – und das nicht nur in der Binarität von Netzwerk und Territorium, sondern auch im Hinblick auf Orte und Bahnen. Man kann über einen Virus auch als etwas nachdenken, das sich nicht in Netzwerken, sondern in Bahnen bewegt, also über ein fließendes, zirkulierendes Phänomen. Wir kommen aus einer Epoche, in der das Territorialraumkonzept, und damit auch der Containerraum, die dominante Orientierungsfigur war; daran haben wir Politik orientiert, daran haben wir Planung orientiert, daran haben wir unsere subjektiven Imaginationen von Raum angelehnt. Aber es ist eine moderne Raumfigur. Die Mittelalterforschung betont immer wieder, dass es damals in keiner Weise Sinn gemacht hätte, die Welt in Territorialraum- und Containerraumkonzepten zu organisieren. Das heißt, wir verlassen ein Denk-, Wahrnehmungs- und Organisationsschema, das in der Moderne für uns selbstverständlich wurde. Das bedeutet den Verlust einer sicheren Raumorientierung, die auf eine einzige Dominante aufbaute. Raumorientierungen vervielfältigen sich. Das verunsichert. Aber es ist auch nur das Ende einer spezifischen Geschichte und keine Katastrophe.

JP: Ihr habt ja von Anfang an schon von Krisen gesprochen, die euch bewegen und umtreiben, für die ihr Erklärungsmodelle sucht – Beschreibungsmodelle. Und Covid-19 hat uns jetzt eine ganz akute, unerwartete neue Krise beschert, aber andere, möglicherweise noch dramatischere planetare Krisen lauern im Hintergrund, wie der Klimawandel und auch die globale Migration oder Mobilität. Seht ihr es so, dass der SFB uns als Gesellschaft Anstöße geben kann, die uns auch letztlich zum Handeln bringen? Was kann der SFB da leisten? Der SFB entwickelt ja keine konkreten Lösungsmodelle, sondern eher konzeptionelle Konstrukte und Theorien. Wie werden diese gesellschaftsrelevant?

Martina Löw: Ich bin fest überzeugt davon, dass man auch neue gesellschaftliche Strategien, und das sind ja immer auch punktuelle Lösungen, dadurch entwickeln kann, dass man anfängt, über die Verhältnisse anders nachzudenken. Und das kann der SFB auf jeden Fall leisten. Er bietet die Möglichkeit, eine andere Perspektive auf gesellschaftliche Veränderungen, auf Refiguration zu entwickeln, eine andere Perspektive in Bezug auf Räume zu gewinnen, den Raum als ein Tool zu nutzen, um Verhältnisse neu zu sortieren und Konflikte anders erkennen zu können. Ich denke schon, dass in all dem, was wir jetzt heute hier besprochen haben, auch das Potenzial steckt, um die verfahrene Debatte im Klimawandel nochmal neu zu sortieren und zu gucken, wo was eigentlich hakt. Welche Möglichkeit ergibt sich zum Beispiel daraus, wenn man Konflikte über die Perspektive verschiedener Raumlogiken analysiert? Ist das nicht eine Chance, die verfestigten Fronten aufzulösen und andere Handlungsoptionen zu bekommen? Das betrifft alle globalen Phänomene: Fragen von Migrationschancen, aber eben auch von sozialem Ausgleich, und Abhängigkeit zwischen verschiedenen Ländern in der Welt. Ich glaube schon, dass wir da mit unserem Verständnis von nicht territorial begrenzten Kulturen, also der *multiple spatialities*, einen Weg einschlagen, der viel verändern kann.

Und wenn man sich anschaut, wie diese Frage um Flucht diskutiert wird, dann sieht man, dass es zwei konfrontative Positionen gibt. Die einen glauben, dass die Welt sicherer ist, wenn man Einheiten schließt und versucht, im Inneren erst einmal klarzukommen. Und die anderen denken, dass Sicherheit nur möglich ist, wenn die, die in Not sind, sich auch bewegen dürfen und an andere Orte kommen können; dass Mobilität für alle gewährleistet sein muss – auch aus einer historischen Verpflichtung heraus –, das sind zwei aufeinanderprallende Raummodelle, die beide aus dem Wunsch heraus artikuliert werden, Sicherheit in einer unsicheren Situation herzustellen. Wenn wir endlich auch darüber reden, wie wir hier mit verschiedenen Ideen über das, was räumliche Strukturierung ist, und das, was Raum leisten kann, agieren, erarbeiten wir uns eine Chance auf Verständigung. Bis jetzt scheinen es sich schlicht gegenseitig völlig ausschließende Positionen zu sein. Und interessant ist ja, dass sich das bei Corona wiederholt, nur dass wir andere Player in dem Streit sehen. Wir haben hier jetzt sehr stark einen Westen, der glaubt, Sicherheit sei durch Schließung zu erzielen, und einen Osten, der glaubt, Sicherheit sei durch *tracing* und zum Teil auch *tracking* von Kontakten und Wegen zu gewährleisten. Auch hier artikulieren sich verschiedene Raummodelle.

JP: *Multiple spatialities* – was bedeutet das eigentlich genau? Es heißt ja, dass das Territorialverständnis der Moderne nicht abgelöst wurde, sondern jetzt verschiedene räumliche Prinzipien – ihr nennt das Raumfiguren – nebeneinander existieren. Aber was bedeutet das genau? Und inwiefern ist das tatsächlich eine Veränderung?

Hubert Knoblauch: Wir haben ja selbst auch mit der Idee angefangen, dass die Refiguration so eine Art von Überwindung der Entwicklung von der klassischen Moderne über die Spätmoderne ist und darüber hinaus geht. Das ist aber eine sehr westliche Entwicklung. Und dann gibt es verschiedene Varianten davon zu betrachten und die eine Variante ist irgendwie die typische westliche Geschichte. Wir haben auch postkoloniale Varianten, wobei es eigentlich alles irgendwie verbunden und miteinander vernetzt ist und es eigentlich neben der westlichen Moderne auch schon eine chinesische Modernisierung gibt. Und was wir beobachten, ist ja, dass wir zum Beispiel gewisse Ähnlichkeiten haben, etwa in der Verwendung von Handys in Japan und in Deutschland, wie in Ingo Schulz-Schaeffers Projekt; dass wir aber auch anders laufende Entwicklungstendenzen haben, zum Beispiel die Weise, wie Handys verwendet werden von Leuten, die überhaupt keine Personal Computer mehr hatten und einen anderen Pfad der Modernisierung sozusagen nehmen. Das Eindrücklichste war: Wir hatten Kyung-Sup Chang aus Südkorea da, der ja mit diesem Modell der *compressed modernity* die besondere Entwicklung der ostasiatischen Staaten beschrieben hat, insbesondere China, Korea und so weiter. Und das lässt vermuten, dass wir eben nicht einfach nur *einen* Prozess haben, der durch Vernetzung, Verbindung gekoppelt wird, sondern dass wir divergierende Entwicklungen beobachten. Wir beobachten empirisch zum Teil ähnliche, zum Teil divergierende Entwicklungen. Und das soll der Begriff der *multiple spatialities* zum einen abdecken, der so ein bisschen an Shmuel N. Eisenstadts Konzept der *multiple modernities* orientiert ist. Also Eisenstadt hat diese Art von These der Entwicklungen der westlichen Moderne, die Weber-These, begleitet mit der Beobachtung von anderen Pfaden der Modernisierung. Und China wäre auch ein sehr gutes Beispiel. Wir haben übrigens gerade Xiaoying Qi eingeladen, die sehr deutlich macht, dass die Grundkonzepte, zum Beispiel was unsere Selbstdarstellung, Performance und dergleichen im Westen angeht, in ganz anderer Weise in China verstanden werden. Das gilt natürlich auch für den Raum, für die Frage, was Kopie ist und dergleichen. Und diese Art von Divergenz, die wollen wir damit zuerst fassen. Genauso, wie wir Modernitäten möglicherweise in verschiedenen Varianten haben, so haben wir auch die Möglichkeit, Differenzen von Raum zu fassen, wobei wir immer auch davon ausgehen, dass das nicht *en bloc* geschieht. Wir gehen da nicht von einer Containerkultur aus. Kulturen sind Verbindungsglieder. Und das ist der erste Grund, weswegen wir das machen – der inhaltliche Grund. Das ist eigentlich, wenn du willst, eine Art von alternativem Globalisierungskonzept, aber daneben hatten wir ja von Anfang an gekämpft mit der Frage: Ja, wo gehen wir eigentlich hin? Wo müssen wir hingehen? Wir können ja nicht die ganze Welt untersuchen. Und die *multiple spatialities* sind auch methodisch so eine Art Suchkonzept. Wir müssen auf solche Ähnlichkeiten und Unterschiede achten.

01

Städtisches Leben während Corona

Talja Blokland, Daniela Krüger, Henrik Schultze,
Robert Vief, Jule Benz

WOLLEN SIE AN UNSERER UMFRAGE TEILNEHMEN?

Wir untersuchten 2019 in vier unterschiedlichen Berliner Nachbarschaften, wie wichtig konkrete Orte für den Austausch von sozialer Unterstützung sind. Dabei nahmen wir an, dass es im Alltag von Menschen bestimmte Treffpunkte und Begegnungsorte in der Stadt oder Nachbarschaft gibt, an denen sich Menschen immer wieder sehen – ob geplant (wie auf der Arbeit oder im Verein) oder ungeplant (beispielsweise in einem Späti oder auf dem Kinderspielplatz um die Ecke). Aus der Forschungsliteratur wissen wir, dass wiederholte Begegnungen an bestimmten Orten für Menschen wichtig sein können, um den persönlichen Alltag zu bewältigen.

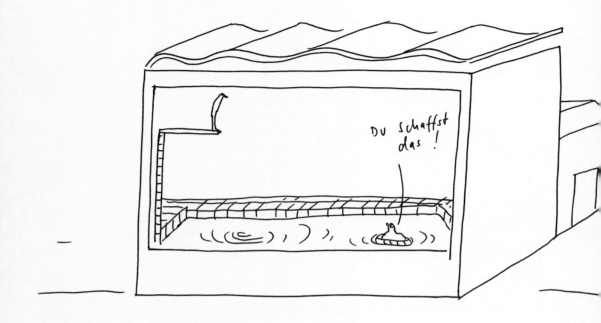

ORTE SOZIALER UNTERSTÜTZUNG

Hier begegnen sich Menschen nicht nur, sondern kommen häufig miteinander ins Plaudern. So kann es passieren, dass ein Gespräch in der Umkleide des Vereins über den Feierabend zu Stress im Arbeitsbereich wechselt und in den Austausch von Informationen über eine Stellenausschreibung führt. Der Soziologe Mario Small (2017) zeigte in seiner Arbeit, dass Menschen Unterstützung nicht immer gezielt und in der Familie oder im Freundeskreis finden, sondern häufig auch dann, wenn sich die Gelegenheit bietet, man auf andere trifft und ein Gespräch beginnt.

Das einfache Plaudern als Nebenprodukt anderer Aktivitäten, während man sich etwa in der Umkleide eines Fitnessstudios umzieht, wurde vom Sozialwissenschaftler Robert Putnam (2002) als

schmoozing bezeichnet. In unserer Studie wollten wir die Bedeutung bestimmter Räume und Begegnungen als Kontexte für das *schmoozing* und für den Austausch von Unterstützung untersuchen. Die Frage nach den Begegnungsorten stellte sich aus Perspektive der Stadtforschung insbesondere vor dem Hintergrund gestiegener Mobilität und dem Bedeutungszuwachs von digitaler Kommunikation, um mit anderen über unterschiedlichste Distanzen im Kontakt zu bleiben. Haben diese Entwicklungen dazu geführt, dass die Nachbarschaft, der Arbeitsplatz, die Moschee oder die Bäckerei um die Ecke an Bedeutung für Begegnungen und den Austausch von Unterstützung verloren haben?

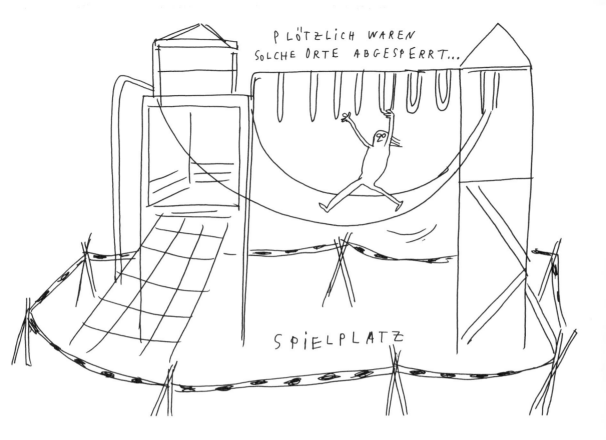

Um sich der Rolle von Begegnungsorten für die soziale Unterstützung zu nähern, erstellten wir einen Fragebogen. Fragen nach Alltagsproblemen und -herausforderungen dienten uns als methodischer Anker, um mit den Befragten über die Menschen, Orte und die Art und Weise zu sprechen, wie sie Unterstützung im Alltag erfahren. Im Interview gaben uns die Befragten ein Stichwort für die Alltagsherausforderung, auf das wir uns im Laufe des Gesprächs immer wieder bezogen, um so die Erinnerung der Befragten zu unterstützen. Entgegen dem Fragebogenformat gaben unsere Befragten uns im Interview aber nicht nur ein einfaches Stichwort. Die 568 Menschen teilten vielmehr persönliche Geschichten und Schicksale und setzten das Stichwort zu »Herausforderungen im Alltag« in seinen Kontext. Die Befragten bestätigten uns immer wieder, wie wichtig und schön die persönliche Begegnung und das Zuhören in der Interviewsituation für sie waren.

Als wir die Haushaltsbefragung im Frühjahr 2019 durchführten, waren die Interviews selbst noch an unterschiedliche Orte der Begegnung geknüpft – so saßen wir mit Befragten häufig an Wohnzimmer- oder Esszimmertischen, aber auch in Cafés und Restaurants,

oder wir luden sie zu uns ins Büro ein. Für das Frühjahr 2020 verabredeten wir mit ihnen weiterführende Interviews, in denen wir besser verstehen wollten, warum gerade bestimmte Orte für sie – für Begegnungen, für den sozialen Austausch – wichtig sind. Fast alle Befragten mochten die Idee und sagten zu.

Der Beginn der Corona-Pandemie im Frühjahr 2020 machte diese Pläne jedoch unmöglich. Leere Straßen, maskierte Menschen, geschlossene Geschäfte und der Appell, Abstand zu halten und Kontakte zu vermeiden, prägten das Leben. Sie führten zu einem ganz neuen Bild des sozialen Zusammenlebens – auf Distanz. Nicht nur unseren 568 Befragten brachen nun viele Begegnungsmöglichkeiten weg, die ihnen 2019 noch Unterstützung geboten hatten.

Während des ersten Lockdowns entschieden wir uns daher für eine Online-Befragung der vier Nachbarschaften, die wir um alle Interessierten in Berlin ergänzten, die teilnehmen wollten, und bewarben

die Befragung in Abendschauen und Zeitungsartikeln. Im Befragungszeitraum zwischen Juli und Oktober 2020 nahmen insgesamt 2.960 Menschen teil.

Unsere Befürchtungen, dass mit der Pandemie und dem Lockdown für viele Menschen die Möglichkeiten zur Unterstützung wegfallen, bestätigten sich. Im Vergleich mit den zu Vor-Corona-Zeiten erhobenen Daten von 2019 und der Online-Befragung in 2020 antworteten die Befragten, dass sie trotz Herausforderungen weniger Unterstützung bekamen. Drastischer zeigte sich die Situation in Bezug auf die Frage, ob sich Menschen trotz Problemen überhaupt mit anderen austauschten: 2019 hatten 7 Prozent der Befragten Herausforderungen genannt, aber niemanden, um darüber zu sprechen. Nach dem Erlass der Kontaktbeschränkungen stieg diese Zahl auf 16,5 Prozent.

Im Fragebogen nutzten viele Menschen die offene Kategorie, die wir ihnen anboten, um ihre Probleme und Herausforderungen mit

eigenen Worten zu beschreiben. Zwei anonymisierte Auszüge zeigen, wie Einsamkeit für viele zu einem Problem im Lockdown wurde:

»Die Trennung von meinem Partner fiel kurz vor die Corona Zeit, weshalb ich mich besonders einsam gefühlt habe, da ich alleine wohne.«
   (weiblich, etwa 40 Jahre)

»Kontakt zu meinen Freunden, die meine Familie darstellen, zu haben und zu halten. Das Kontaktverbot war eindeutig auf die klassische Familie zugeschnitten und hat mein Lebensmodell in keinster Form berücksichtigt.«
   (männlich, etwa 60 Jahre)

Viele Befragte, die 2019 regelmäßig Begegnungsorte aufsuchten, wie den Sportverein, ein Fitnessstudio oder (Tanz-)Clubs, vermissten diese Orte 2020 stark. Es zeigte sich insbesondere für Menschen, die beengt leben, dass Cafés und Büchereien vor dem Lockdown wichtige Orte der Begegnung und des Ausgleichs der eigenen Wohnsituation waren. Junge Eltern litten besonders unter der Schließung von Spielplätzen und anderen Kinderbetreuungseinrichtungen. Gerade für Menschen in beengten Wohnverhältnissen, die vorher diese Orte in der Stadt genutzt hatten, stieg in der Folge die psychische Belastung.

Eine wichtige Veränderung stellte außerdem die Art und Weise dar, mit der Menschen sich unterstützen. Während sich 2019 die meisten Befragten noch von Angesicht zu Angesicht austauschten

(79 Prozent), wurde Unterstützung 2020 digital (2019: 21 Prozent; 2020: 48 Prozent). Danach gefragt, wie hilfreich diese Unterstützung war, bewerteten die Befragten diese nun im Mittel als weniger hilfreich.

Mit der Corona-Pandemie wurde unsere Forschung über Begegnungsorte und den Austausch zwischen Menschen zu einer Forschung über die sozialen Folgen der pandemiebedingten Kontaktbeschränkungen. Begegnungen, Plaudern und ungeplante Unterstützungen brachen für viele Menschen weg – ausgerechnet in einer Zeit, in der viele unter Verlusten, existenziellen Sorgen, Krankheit oder Wegfall von Betreuungsmöglichkeiten litten und von diesen Folgen sozial unterschiedlich betroffen waren. Für viele führte die Krise zu einem enormen Bruch im Alltag oder fügte dem bereits vor Corona hochbelasteten Alltag eine weitere Krise hinzu – andere konnten sie aufgrund ihrer Ressourcenverfügbarkeit gut abfedern.

Für unser Forschungsprojekt führte die Corona-Pandemie zu einem Wechsel von der persönlichen Begegnung und Unterstützung im Interview zur kontaktlosen Online-Befragung. Diese Form konnte den Belastungen und den Sorgen der Befragten kaum gerecht werden. Dennoch nahmen viele Menschen in Berlin die Einladung zur Befragung an, teilten ihre außergewöhnlichen Herausforderungen und halfen uns, die sozialen Folgen dieser Zeit sichtbarer zu machen. Ihnen gilt unser Dank! ✳

Alle Ergebnisse der Umfrage »Städtisches Leben während Corona« sind auch auf unserer Website einsehbar: corona.hu-berlin.de.

Literatur:
Small, Mario Luis: Someone to talk to. New York 2017.
Putnam, Robert D.: Bowling alone. New York 2002.

02

Wer ist die *global middle class?* Kosmopolitismus in Kenia

Eva Korte, Gunter Weidenhaus

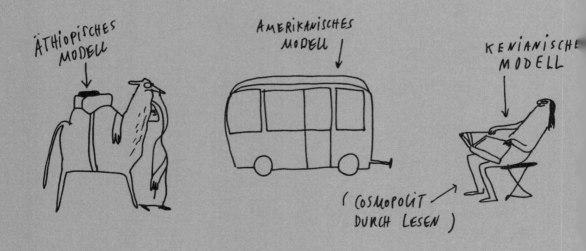

ÄTHIOPISCHES MODELL

AMERIKANISCHES MODELL

KENIANISCHE MODELL

(COSMOPOLIT DURCH LESEN)

SEHNSUCHT. NACH RÄUMLICHKEIT UND WEITE

DIE RÄUMLICHE ERWEITERUNG

Was haben eigentlich zwei Mittelschichtsmenschen in Nairobi und Berlin gemeinsam? Bewältigen sie die Herausforderungen ihres Lebens in ähnlicher Weise? Wie organisieren sie Berufsleben (Produktionssphäre) sowie Familie und Freizeit (Reproduktionssphäre)? Und welche Rolle spielt Raum dabei? Mit diesen Fragen hat sich unser Forschungsprojekt beschäftigt.

NARRATIV - BIOGRAPHISCHES
INTERVIEW.

Vor allem in den Wirtschaftswissenschaften gibt es seit Längerem eine Diskussion darüber, ob es eine *global middle class* gibt. Rein monetär definiert, ist diese Gruppe seit den 1980er-Jahren, verstärkt seit 2000, stark angewachsen. Die Debatte dreht sich jedoch nicht nur um die Reduzierung weltweiter Armut. Der *global middle class* werden quer zu ihrer nationalstaatlich-kulturellen Diversität gemeinsame Wertvorstellungen und Interessenlagen unterstellt. Man verspricht sich von ihren Angehörigen gesellschaftlich wünschenswerte Effekte wie sozialen Zusammenhalt, Innovationsträgerschaft durch höhere Bildung, bis hin zu demokratiestabilisierenden Wirkungen durch moderate politische Haltungen. Empirisch sind all diese auf die *global middle class* projizierten Hoffnungen bisher kaum untersucht worden. Unser Forschungsprojekt hat hier einen Vorstoß gewagt. Auf Basis einer vergleichenden Perspektive wurde nach Gemeinsamkeiten und Unterschieden in den Lebensführungsmustern, Orientierungen und Wertvorstellungen von Angehörigen der Mittelschicht in Berlin und Nairobi gesucht. Wir haben dazu 40 narrativ-biographische Interviews geführt, in deren Rahmen wir zunächst einfach den Lebensgeschichten unserer Interviewpartner*innen zugehört haben. Die Mittelschichten in Kenia und Deutschland sind historisch auf andere Art und zu anderen Zeitpunkten entstanden und befinden sich materiell auf unterschiedlichen Niveaus. Die Tatsache, dass wir dennoch zentrale Gemeinsamkeiten in der Gestaltung von Biographien der Mittelschichtangehörigen an beiden Orten feststellen konnten, ist ein erster Hinweis darauf, dass eventuell sinnvoll von einer *global middle class*, die bestimmte Orientierungen und Lebenspraxen teilt, gesprochen werden kann.

Die Zugehörigkeit zur Mittelschicht einer Gesellschaft definiert sich nicht nur durch die Höhe von Einkommen und Besitz im Vergleich zu anderen. Deshalb fassen wir unsere Definition von Mittelschichten auch kulturell. Dazu nutzen wir das Konzept der investiven Statusarbeit als Lebensführungsmuster, das Soziolog*innen für den Kontext deutscher Mittelschichten entworfen haben. Sie stellten fest, dass die Praxis der Reinvestition von Ressourcen in den eigenen beziehungsweise den Status der Familie typisch für die deutsche Mittelschicht ist. Für Kenianer*innen ergaben unsere Interviews ganz ähnliche Ergebnisse. Diese Investitionspraxis ist von der Vorstellung von Aufstieg (und Absicherung gegen Abstieg) getrieben und hat häufig intergenerationalen Charakter. Die Grundlogik ist dabei der Verzicht in der Gegenwart zugunsten von Investitionen (z. B. in die Bildung der Kinder), von denen man sich in Zukunft eine Rendite für den familiären Status verspricht. Investive Statusarbeit kann

also auch teilweise erklären, warum die Zahl der Kinder von Mittelschichtssituierten vergleichsweise gering ist: weil so die zur Verfügung stehenden Ressourcen gebündelt werden können. Damit ist der zeitlich lineare Charakter der investiven Statusarbeit bereits offensichtlich.

Wir haben das Konzept der investiven Statusarbeit in unserer Untersuchung um eine räumliche Perspektive ergänzt, da wir diese als zentral für die Chancen eines Mittelschichtslebens erachten. Denn die gestiegenen Anforderungen an berufliche Flexibilität (Produktionssphäre) stehen in einem Spannungsverhältnis zu den Erwartungen an einen räumlichen Mittelpunkt für das Familienleben (Reproduktionssphäre). Es wird also einerseits erwartet, dass Menschen ihrer Karriere hinterherziehen; gleichzeitig sollen Familien ihren Kindern eine, auch räumliche, Stabilität bieten.

Unterschiedliche Formen investiver Statusarbeit konnten sowohl in Deutschland als auch in Kenia als zentrale Gemeinsamkeit festgestellt werden. Die eigene Bildung der Interviewten sowie vor allem eine hohe Bildung ihrer Kinder ist an beiden Orten ein relevantes

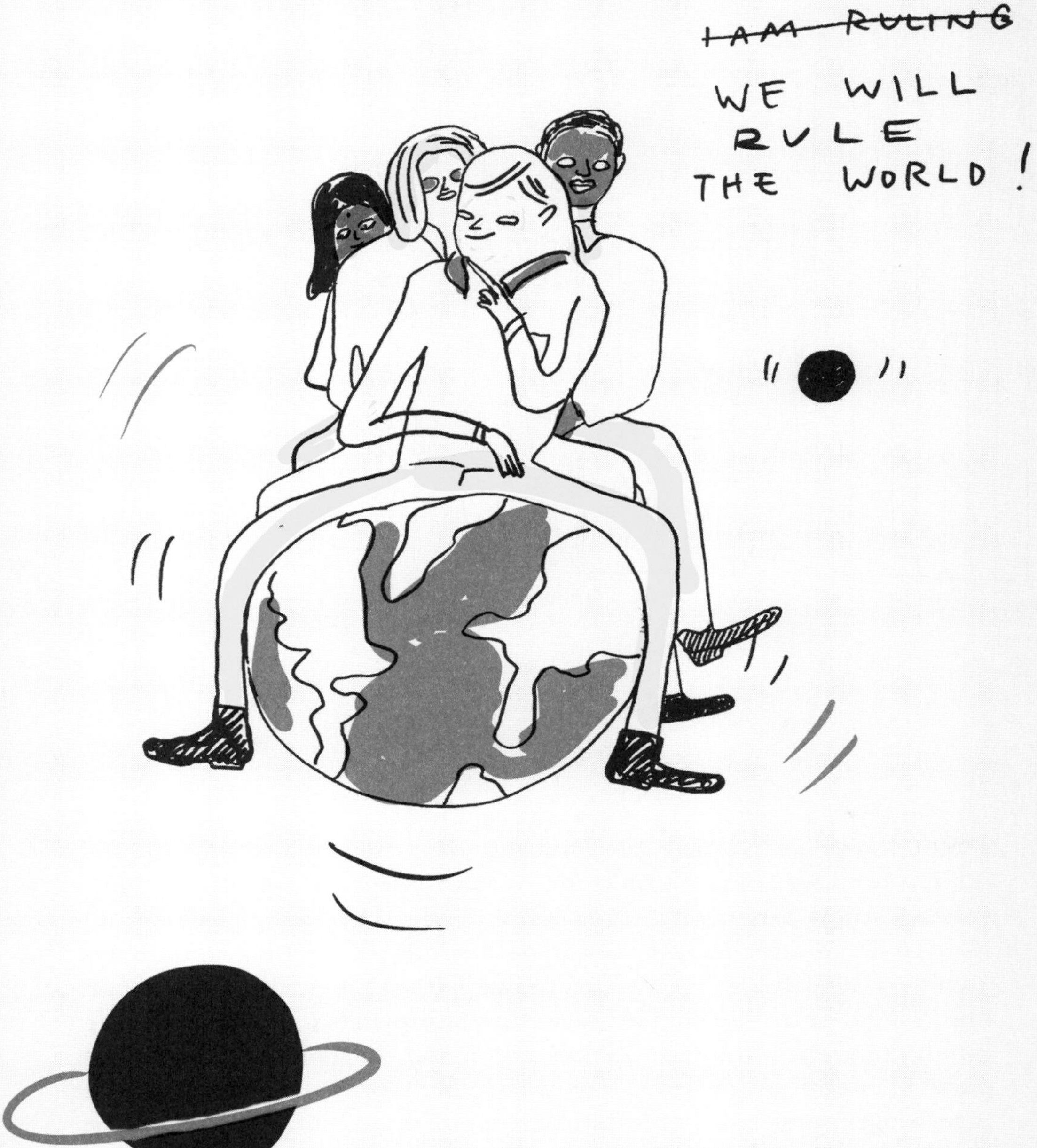

GLOBAL MIDDLE CLASS

Thema. Ziel ist es, das über Bildung erworbene kulturelle Kapital (Pierre Bourdieu) in der Zukunft durch Erwerbsarbeit in ökonomisches Kapital umzuwandeln. Ökonomische Unabhängigkeit ist sowohl in den deutschen als auch in den kenianischen Biographien das oberstes Ziel, um als »erwachsen« zu gelten. Leistungsbereitschaft und Ausdauer finden sich im gesamten Sample als thematisierte Kardinaltugenden, um dieses Ziel zu erreichen, obgleich die Interviewpartner*innen aus Nairobi davon vergleichsweise mehr benötigen. Ihre Biographien sind von deutlich weniger Schlaf, Geld, Komfort und Freizeit geprägt. Es ist keine Seltenheit, dass neben einem Vollzeiterwerb, der auch Geschwisterkinder ernährt oder ihre Schulgebühren bezahlt, zusätzlich in den eigenen Status als Erwerbsperson investiert wird, indem beispielsweise an Abenden und Wochenenden gebührenpflichtige Weiterbildungen absolviert werden.

Der Stellenwert von Grundbesitz und Immobilien ist eine weitere Gemeinsamkeit zwischen Kenianer*innen und Deutschen in ihrer Investitionspraxis. Diese gelten sowohl in Nairobi als auch in Berlin als

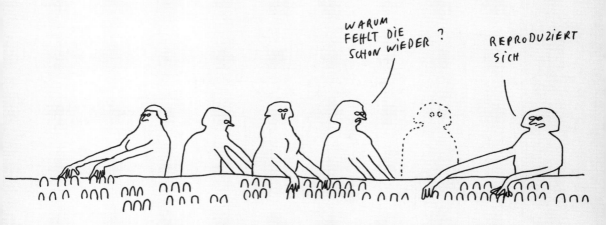

KAPITALISMUS TRENNT ZWISCHEN
PRODUKTIONSPHÄRE UND REPRODUKTIONSPHÄRE.

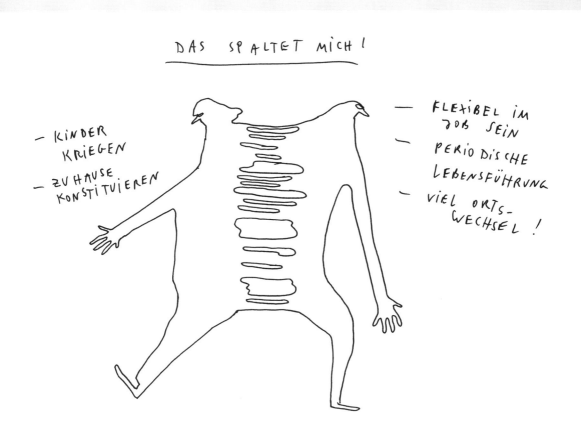

Investment mit steigender Rendite. Sie dienen als Alterssicherung, entweder als eigener Wohnsitz oder für zusätzliches Einkommen durch Mieteinnahmen. Innerhalb dieser Gemeinsamkeit besteht jedoch auch ein deutlicher Unterschied: Während als Alterssitz der befragten Deutschen der bereits zur Zeit der Erwerbsarbeit aktuelle Wohnsitz imaginiert wird, wird in Kenia unterschieden zwischen einem Zuhause als Alterswohnsitz und dem aktuellen Wohnort, der sich durch den Job ergeben hat. Der kenianische Alterswohnsitz wird fast ausschließlich auf dem Land geplant. In dieses Stück Land, das selten erworben, meist vererbt wird, wird bereits früh im Leben investiert und es wird darauf ein Haus gebaut, um ein Leben in Rente vorzubereiten. Das eigene Stück Land ermöglicht im Ernstfall ein Überleben in Subsistenzwirtschaft, in jedem Fall bessern seine Bodenfrüchte durch Eigenverzehr und Verkauf die Rente auf. In den deutschen Biographien war der aktuelle Wohnort mit einer viel höheren Bedeutung aufgeladen, was daran liegen mag, dass die Konstitutionen von Wohnort und Zuhause hier praktisch nicht getrennt werden. In Kenia hingegen besteht eine emotionale Verbundenheit mit dem (fast immer) ländlichen Herkunftsort. »For us Nairobi is not home«, bringt eine Interviewte diese Differenz auf den Punkt.

Ein deutlicher Unterschied zwischen Interviewpartner*innen aus Berlin und Nairobi zeigte sich in den räumlichen Maßstabsebenen, in denen die Menschen denken. Viele Kenianer*innen aus der Mittelschicht fühlen sich als Kosmopolit*innen und sind sehr interessiert *an* und gut informiert *über* Orte und Länder sowie Kulturen außerhalb Kenias. Eine identitätsstiftende globale Orientierung finden wir vor allem bei ihnen vor. Die deutschen Fälle dagegen sammeln eher generische Auslandserfahrungen, um im Wettbewerb auf dem Arbeitsmarkt keinen Nachteil zu riskieren. Das bewusste Sich-irritieren-Lassen vom Fremden im Ausland findet sich nur in wenigen deutschen Fällen, meist bei Interviewpartner*innen mit Migrationserfahrung in der Familie. In Kenia scheint die positive Konnotation mit Auslandserfahrungen und dem Globalen viel weiter verbreitet zu sein. Unseren Erklärungsansatz dafür verorten wir in der postkolonialen Subjektivität. Wir vermuten, dass eine kulturelle Praxis des Vergleichs zwischen Eigenem und Fremdem als notwendiger Teil des Befreiungskampfes aus der Unterdrückung britischer Kolonialherren in einer Hybridisierung der Selbstkonstitution mündete. Das heißt, Kenianer*innen sind es schon lange gewohnt, ihre Identität aus dem Eigenem und dem Fremdem zu konstituieren. Auch der Umstand, dass Kenianer*innen es gewohnt sind, in mindestens

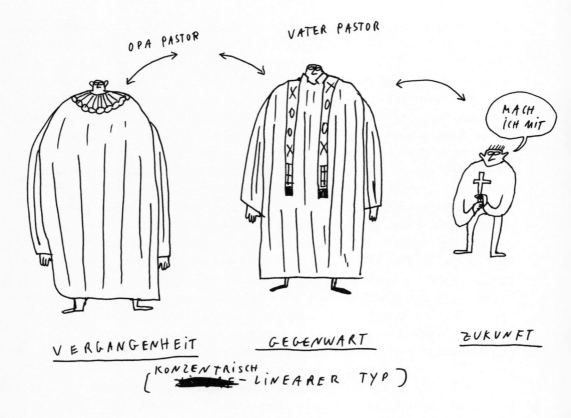

zwei, häufig in drei bis vier Sprachen zu kommunizieren, könnte diese kosmopolitische Perspektive mitbegründen.

Wenn der Lebensführungsmodus der investiven Statusarbeit kenianische und deutsche Mittelschichtssituierte verbindet, dann ist das ein Hinweis darauf, dass dies eventuell auch für Angehörige von Mittelschichten in weiteren Nationalstaaten gilt. Intensive Statusarbeit könnte sich auch über Kenia und Deutschland hinaus als verbindendes Merkmal der Lebensführung einer *global middle class* konstituieren.

Wie oben bereits erwähnt, wird die *global middle class* als Hoffnungsträgerin für allerlei gesellschaftliche Dynamiken adressiert. Es ist also sozialwissenschaftlich relevant, ob und wie sich Angehörige von Mittelschichten unterschiedlicher Nationalstaaten in ihren Orientierungen und Lebenspraktiken ähneln. Denn eine global verflochtene Welt erfordert Anstrengungen auf globaler Ebene, um ihre

SCHULE

MUSIKSCHULE

STUDIUM

ORCHESTER-JOB

LINEAR, JA — ABER DAS WÄRE IN KENIA ZU RISKANT.

Krisen zu bewältigen. Die Klimakrise, die daraus folgenden massiven Migrationsbewegungen oder das weltweite Finanzsystem sind dafür nur drei Beispiele. Ob Menschen ihre Identität positiv an eine Art Weltbürgertum zurückbinden und eine kosmopolitische Perspektive entwickeln, ist daher maßgeblich für das Problemlösungspotenzial global voneinander abhängiger Gesellschaften. ✳

03

MigraTouriSpace

Stefanie Bürkle, Janin Walter, Ilkin Evin Akpinar,
Tae Wong Hur, Gabriel Banks

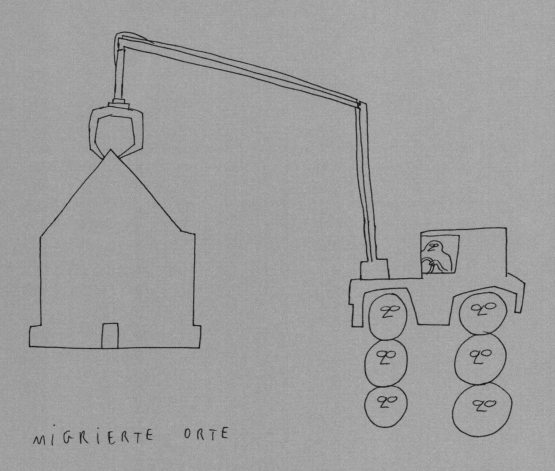

MIGRIERTE ORTE

Das Projekt »MigraTouriSpace« beschäftigt sich mit dem Reisen als einer Annäherung der Phänomene Migration und Tourismus. Im Sinne des Projekts geht es um das Reisen von Bildern, Menschen und Räumen.

UND GARAGEN WERDEN TRANSFORMIERT ...

Migrations- und Tourismusforschung sind ungeachtet ihrer mobilen Forschungsobjekte lange Zeit weitgehend dem Ideal der Sesshaftigkeit verhaftet geblieben. Tourismus wurde meist als temporäre Auszeit aus dem sesshaften Alltagsleben definiert und Tourist*innen wurden einer immobilen Lokalbevölkerung gegenübergestellt. Entsprechend galt Migration als vorübergehender Prozess der Wanderung von einem Ort der Sesshaftigkeit zu einem anderen, und nur die Konflikte zwischen der »mitgebrachten Kultur« der Migrant*innen und der »lokal verwurzelten Kultur« der Aufnahmegesellschaft wurden beachtet (Lenz 2010).

In einem interdisziplinären Team unter meiner Leitung untersuchten wir vier Jahre lang die Überlagerung und Wechselwirkung der Phänomene Migration und Tourismus in urbanen Kontexten

und deren Auswirkungen auf den städtischen Raum. Raummigration meint Migration, bei der mit den Menschen auch Räume wandern (Bürkle 2002). Tourismus meint nicht mehr Urlaub als Ausnahmezustand, sondern den touristischen Blick, der, mit nach Hause genommen, längst das prägt, was man Alltag nennt. Die durch den Corona-Lockdown bedingten Veränderungen verdeutlichen die touristischen Implikationen im Stadtraum.

Die als *case studies* ausgewählten Orte in Korea und Deutschland – das vietnamesische Großhandelszentrum Dong Xuan Center in Berlin-Lichtenberg und das deutsche Dorf Dogil Maeul in Südkorea – stehen für das Spannungsfeld zwischen einer Migration kulturell codierter räumlicher Kontexte und touristischen Praktiken.

Die Fallstudien

Ehemalige vietnamesische Arbeitsmigrant*innen der DDR gründeten in der Nachwendezeit vielfältige selbstständige Existenzen: Kleider- und Lebensmittelgeschäfte, Imbisse und Restaurants prägen seitdem ganze Berliner Stadtteile (ebd.). Das von dem Unternehmer Van Hien Nguyen gegründete Dong Xuan Center ist nach dem Großmarkt Hanois benannt. Die Organisation der Gewerbe und auch die Warenanordnung folgt ebenfalls der in Hanoi üblichen Warenpräsentation. Dies verstehen wir als Raummigration im Sinne kultureller Praktiken und physisch erfahrbarer Räume, die mit den Menschen wandern. Im vietnamesischen Großhandelscenter in Berlin findet man einerseits Waren aus dem asiatischen und indischen und neuerdings auch türkischen Raum, gleichzeitig repräsentiert er mit seinen Frisörsalons, Nagelstudios und Restaurants für viele Vietnames*innen auch ein Stück Hanoi in Berlin. Dieser Zusammenhang von vernakulärer Architektur und Identität (Bürkle 2016) erfährt eine weitere Bestätigung durch Tourist*innen in Berlin, auf deren Sightseeing-Touren »Klein Hanoi in Lichtenberg« ein exotischer Bestandteil ist.

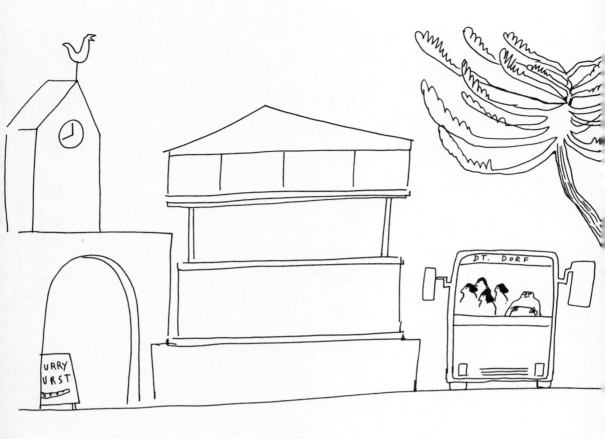

Auf Initiative eines Lokalpolitikers entstand 2001 in Namhae-gun das Dorf Dogil Maeul für koreanische Gastarbeiter*innen, die aus Deutschland in die ehemalige Heimat zurückkehren wollen. Dies war einerseits eine Geste der Anerkennung an die ehemaligen Auswanderer*innen, die mit ihrem in Deutschland verdienten Geld ihre Familien in Südkorea unterstützten, andererseits war die deutsche Siedlung auch gleichzeitig als Touristenattraktion geplant. Der Landkreis erwarb das Land, entwickelte die Bauplätze und legte die Infrastruktur an. Teil der Baubedingungen ist, dass die Häuser »deutsch« aussehen sollen. Hier leben heute um die 60 Ehepaare – teilweise Rückkehrer*innen mit deutschen Partner*innen, alle im Rentenalter – in zweistöckigen Einfamilienhäusern mit roten Walm- oder Satteldächern und Vorgärten. An den Wochenenden ist das Dorf ein beliebtes Ausflugsziel für koreanische Tourist*innen.

ICH HABE 25 JAHRE IN DEUTSCHLAND GEARBEITET. IM DEUTSCHEN DORF ZURÜCK IN KOREA HABE ICH MIR HEIMAT SELBST GEBAUT.

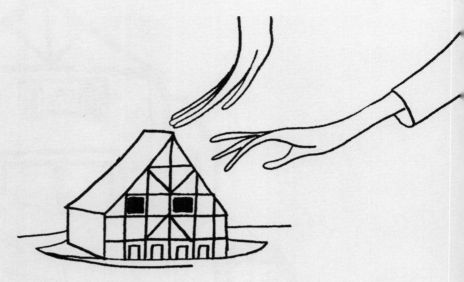

ABER
BITTE
ACHTEN
SIE AUF
DEN
∡ 45°
WINKEL

KULTUR TRANSPLANTATION.

DT. THEMENPARK.

Der interdisziplinärer Blickwinkel eröffnet neue Perspektiven

Die sich abzeichnenden Raumlogiken und Handlungspraktiken setzen wir in Beziehung zur Refiguration der sozialen Ordnung. Die Phänomene Migration und Tourismus weisen aufgrund der beiden zugrundeliegenden Bewegungsaktivität strukturelle Ähnlichkeiten auf. Die Imaginationen von Räumen, die Migration und Tourismus begründen, sind ein Motor der Refigurationsprozesse, die nicht konfliktfrei ablaufen (Holert/Terkessidis 2000).

Zentrale Fragestellung des Projekts ist die künstlerische, visuell-bildhafte Nachweisbarkeit der Refiguration von Räumen. Der innovative Forschungsansatz, den Raum als bildwissenschaftliche Grundlage für die Ablesbarkeit der Überlappung von Migration und Tourismus und ihre Einschreibung in die urbane Umwelt zu begreifen, bedingt eine interdisziplinäre Vorgehensweise jenseits der üblichen disziplinären Ansätze hinsichtlich Migration und Tourismus.

Dieser Ansatz umfasst daher die Integration künstlerischer und wissenschaftlicher Methoden und den Einsatz künstlerischer Medien.

Die Ergebnisse dieser künstlerisch-wissenschaftlichen Forschung werden in Form einer begehbaren Mehrkanal-Video-Installation ausgewertet und zugleich sinnlich erfahrbar gemacht. Die Ergebnispräsentation in Form einer Ausstellung im April/Mai 2021 im Collaboratorium im Aufbauhaus am Moritzplatz in Berlin (CLB) machte die Forschungsergebnisse einem größeren, auch nicht fachwissenschaftlichen (inter-)nationalen Publikum zugänglich und eröffnete neue Perspektiven auf die gesellschaftlich relevanten Phänomene Migration und Tourismus. *

Literatur:

Bürkle, Stefanie: Eiscafé Venezia. Berlin 2002.

Holert, Tom / Terkessidis, Mark: Fliehkraft: Gesellschaft in Bewegung – von Migranten und Touristen. Köln 2006.

Lenz, Ramona: Mobilitäten in Europa, Migration und Tourismus auf Kreta und Zypern im Kontext des europäischen Grenzregimes. Wiesbaden 2010.

Löw, Martina: Raumsoziologie. Frankfurt a. M. 2001.

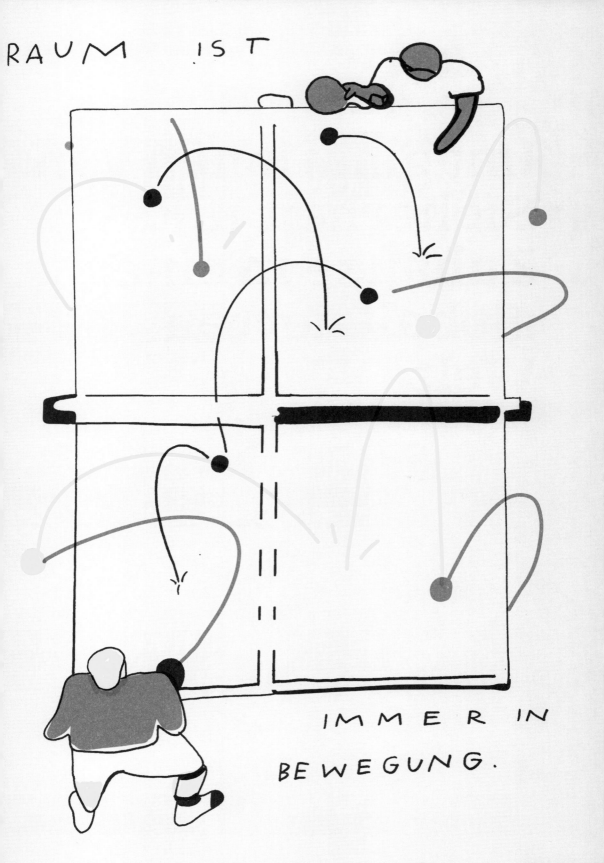

04

Imaginationen von Sicherheit und Zuhause in einer globalisierten Welt

Ilse Helbrecht, Carolin Genz,
Lucas Pohl, Janina Dobrusskin,
Carl-Jan Dihlmann

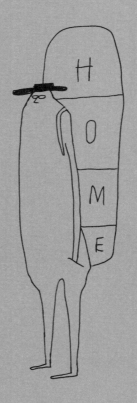

VISUELLE METHODIK:
AFFIZIERUNG DURCH FOTOS.

Matilda schaut sich das Bild vor ihr auf dem Tisch lange an, Sonnenlicht scheint auf ihr Gesicht und aus ihrer Kaffeetasse steigt noch ein wenig Wärme auf. Sie nimmt das Bild in die Hand und streicht an der Blattkante entlang. Ihre Augen gleiten ruhig über die einzelnen Bildelemente, von der oberen Ecke zur unteren und wieder zurück; bis sie es nochmal vor sich legt, mit etwas Abstand. Auf dem Bild ist ein kleiner Raum zu sehen, mit weißen Wänden und beigen Fliesen. Licht fällt hinein, ein Fenster oder eine Tür kann die Betrachterin

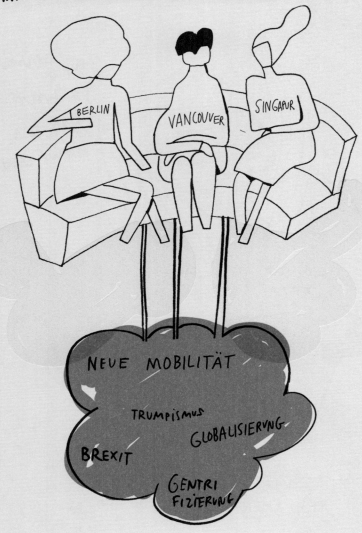

EMPIRISCHE UNTERSUCHUNGEN
MIT GRUPPENDISKUSSION + *INTERVIEWS*

BERLIN

VANCOUVER

SINGAPUR

NEUE MOBILITÄT

TRUMPISMUS

GLOBALISIERUNG

BREXIT

GENTRIFIZIERUNG

nicht ausmachen. In der Mitte steht eine Holzpalette, auf der eine Matratze und weiße Bettwäsche liegen, neben dem Bett ist es nur eine Armlänge zu den Wänden, in beide Richtungen. Einige kleine Gegenstände lassen sich entdecken. Sie beginnt langsam zu beschreiben, was sie auf dem Bild sieht.

Uns interessiert, wie sich Matilda fühlt und was sie fühlt, wenn sie die Bilder sieht, an welche Situation sie diese erinnern, welche Orte sie geprägt haben, wo sie sich wohlfühlt. In unserem

Forschungsprojekt untersuchen wir, wie Menschen steigende Komplexitäten im Zuge der Globalisierung und Digitalisierung wahrnehmen; wie unterschiedliche Altersgruppen diese Prozesse verstehen, welche möglichen Verunsicherungen diese Prozesse auslösen und wie die Menschen versuchen, einen Umgang damit zu finden. Welchen Effekt haben geopolitische Krisen und transnationale Verflechtungen, wie Brexit, Trumpismus oder der Klimawandel, auf das eigene Wohlergehen? Welche Rolle spielen spezifische Räume und

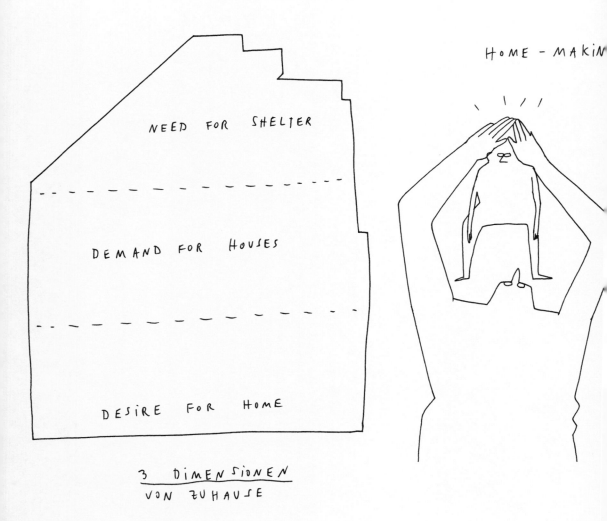

3 DIMENSIONEN
VON ZUHAUSE

Orte in den Alltagen von Menschen und wie beeinflussen sie ihr Verständnis von Welt und ihrer Position in dieser Welt? Dabei gehen wir von der Annahme aus, dass das individuell empfundene Vertrauen in die eigene Positionierung in der Welt sehr stark von räumlichen Vorstellungen – was wir im Rückgriff auf den Geographen David Harvey »geographische Imaginationen« nennen – beeinflusst wird.

Matilda ist gebürtige Berlinerin, ging zum Studieren nach Vancouver und fing danach in einem großen Unternehmen an zu arbeiten, in dem sie heute Abteilungsleiterin ist. Als sie das Bild des kleinen Raums sieht, erinnert sie sich an ihre Studienzeit, an die erste WG. Sie denkt darüber nach, wie sie schon gelebt hat, wie sie gern leben will und wo sie sich zuhause fühlt.

ZUHAUSE:
HIER GIBT ES
ZUVERSICHT.

Woran es liegt, dass wir uns an bestimmten Orten oder in gewissen Konstellationen von Räumen wohlfühlen oder nicht, lässt sich nicht immer ad hoc erklären. Die Ursachen für solche Gefühle liegen oft im Verborgenen; sie sind nicht immer offensichtlich, auch wenn wir sie mit uns herumtragen. Über die Bilder von Räumen, die wir unseren Interviewpartner*innen im Gespräch zeigen, versucht unser For-schungsprojekt, sich diesen Schichten von Gefühlslagen zu nähern und so dem Unbewussten die Empfindungen von Sicherheit und Un-sicherheit zu entlocken. Diese Methodik nennt sich Foto-Elizitation – das Elizitieren, also das Herauslocken von räumlichen Vorstellungen, steht dabei für uns im Vordergrund.

Mit Blick auf das Bild des kleinen Raums erzählt Matilda aus ihrem

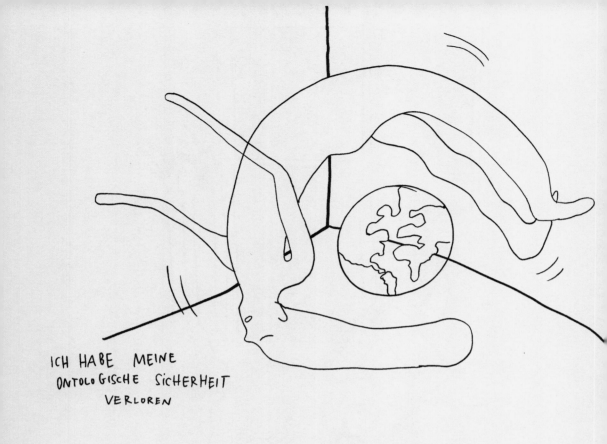

ICH HABE MEINE
ONTOLOGISCHE SICHERHEIT
VERLOREN

STABILITÄT

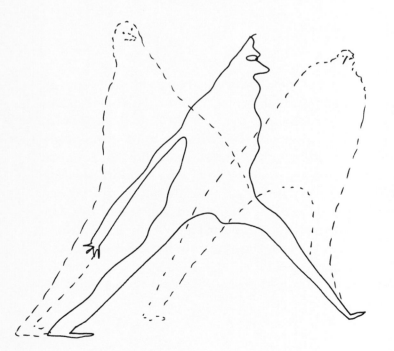

ONTOLOGISCHE
SICHERHEIT

STELLT SICH IMMER
WIEDER HER.

Leben. Heute lebt sie am Stadtrand Vancouvers, an der Westküste Kanadas, nicht weit weg von der Natur. Dort ist sie gern, kann mit ihrem Hund spazieren, das Grün genießen und einen Ruhepol finden in einer stetig hektischer werdenden Welt. Vancouver gilt nicht nur als eine der schönsten und grünsten Städte weltweit, sie zählt auch zu den Städten mit den teuersten Wohnungsmärkten und das macht Matilda oft Sorgen: Wird sie sich ihr Zuhause noch lange leisten können? Wo werden ihre Kinder wohnen können? Matilda wie auch viele andere Interviewpartner*innen, die wir in Vancouver, Berlin und Singapur befragt haben, zeichnet ein besonderes Verhältnis zur Stadt, in der sie leben, und zu ihrem Zuhause aus.

In unseren 169 Interviews wurde deutlich, dass das eigene Zuhause sehr zentral ist, wenn es um räumliche Vorstellungen von Sicherheit und Unsicherheit geht. Dies betrifft sowohl die Frage nach einem Dach über dem Kopf (*shelter*) als auch die Rolle, die das eigene Zuhause als emotionale Heimat (*home*) spielt, welche mit Imaginationen von Liebe, Familie und des Wohlbefindens gefüllt ist. Die Wohnungsfrage und das Problem steigender Mieten erlebt Matilda ganz subjektiv und persönlich als eine Unsicherheit, die oft mitschwingt, manchmal hochkommt oder zuweilen beiseite geschoben werden kann. In Anknüpfung an den Psychoanalytiker Robert D. Laing lässt sich hier von einer »ontologischen (Un-)Sicherheit« sprechen. Sicherheit ist also nicht allein beschränkt auf die Abwehr von Gefahren oder Bedrohungen, sondern meint das eigene Urvertrauen in die Welt, unser Realitätsempfinden und unsere persönliche Identität. Wann stehen wir mit beiden Beinen fest im Leben, wann fühlen wir uns wohl und wann nicht? Sich ontologisch – also hinsichtlich des eigenen Seins – zu versichern, bedeutet also, sich im Klaren darüber zu sein, wie wir uns in der Welt verorten. Ontologische Unsicherheit hingegen umfasst ein Gefühl existenzieller Verunsicherung, ausgelöst zum Beispiel durch Erfahrungen von Entgrenzung, Desorientierung oder eines allgemeinen Gefühls, fehl am Platz zu sein.

In unserer Forschung erweitern wir den Ansatz von Robert D. Laing. Uns als Geograph*innen interessiert vor allem eine *räumliche* Perspektive. Wir beziehen uns dabei auf den Geographen David Harvey und sein Konzept der geographischen Imaginationen, um besser zu verstehen, wie räumliche Vorstellungen an der persönlichen Verortung in der Welt beteiligt sind und ein Vertrauen in die eigene Existenz sowie in die Kontinuität der sozialen und materiellen Umwelt geben. Demnach brauchen Menschen bestimmte Vorstellungen von Welt und nutzen diese für die eigene Stabilität.

MENSCHEN BRAUCHEN
GEOGRAPHISCHE IMAGINATION

MENSCHEN NUTZEN

GEOGRAPHISCHE IMAGINATION.

Es gibt Ereignisse, die einen sehr langfristigen Effekt auf die kol-
lektive Vorstellungskraft und den Bezug zur Welt haben. Dies können politische Ereignisse sein, die die ganze Welt in Atem halten,
zum Beispiel der syrische Bürgerkrieg, 9/11 oder gegenwärtig die
Covid-19-Pandemie. Jede und jeder von uns wird von diesen Ereig-
nissen berührt, die wir in Erinnerung behalten, die uns prägen. Für
Matilda, die in Deutschland aufgewachsen ist, ist es der Fall der Berliner Mauer. Sie erinnert sich daran im Interview mit uns, als sie ein
weiteres Bild beschreibt. In unserer Forschung konnten wir zeigen,
wie solche geopolitischen Zäsuren Einfluss haben auf Erzählungen
über uns selbst. Diese Zäsuren sind wie Anker, an denen wir uns

ausrichten und die uns helfen nachzuvollziehen, wie und wo wir in der Welt stehen, und uns zu orientieren. Matilda fühlt sich durch den Mauerfall nicht per se »unsicher«. Aber sie sucht nach Erklärungen und Bezügen und thematisiert darüber die eigene Positionierung in der Welt. Sie zieht also raum-zeitliche Bezugspunkte heran, um sich selbst zu vergewissern und ihre eigene Identität besser (be-)greifen zu können.

Unserer Untersuchungen in Berlin, Vancouver und Singapur zeigen, dass Menschen aller Altersgruppen gezwungen sind, sich angesichts der dynamischen Veränderungen in einer globalisierten Welt beständig neu zu positionieren, also ihren Ort in dieser Welt zu

INTERGENERATIONALE ZIRKULATION

sichern. Hierfür entwickeln Menschen ganz verschiedene Strategien, um für sich Sicherheit, in einem weiten Sinne, herzustellen. Drei konkrete geographische Imaginationen werden dabei besonders relevant: konkrete Orte (wie das Zuhause oder die Natur), sozial-räumliche Bezüge (wie Zugehörigkeit) sowie eine raum-zeitliche Verbundenheit (über geopolitische Zäsuren). Diese Ergebnisse bestätigen unsere Annahme, dass räumliche Vorstellungsweisen eine hohe Bedeutung für das individuell empfundene Vertrauen in die eigene Position in der Welt haben. Das sieht auch Matilda so, die sich ein Zuhause nur dort vorstellen kann, wo die Natur nicht fern ist. ✳

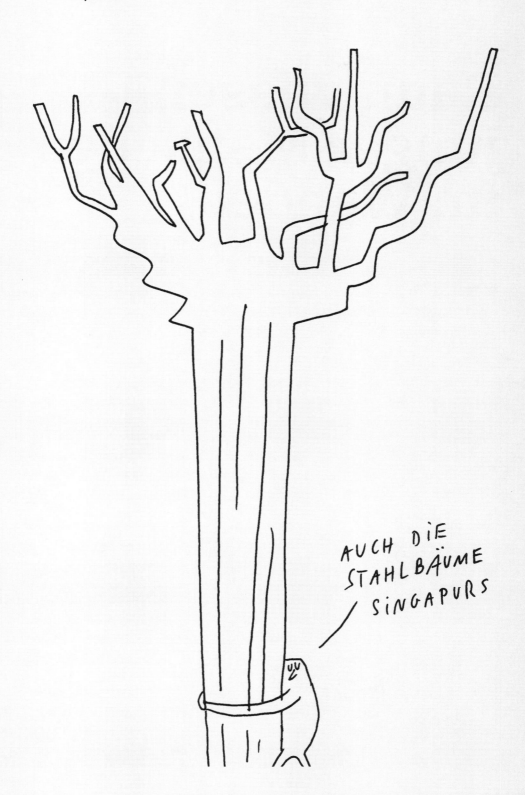

05

Raumwissen junger Menschen im Wandel

Anna Juliane Heinrich, Angela Million, Ignacio Castillo Ulloa,
Jona Schwerer

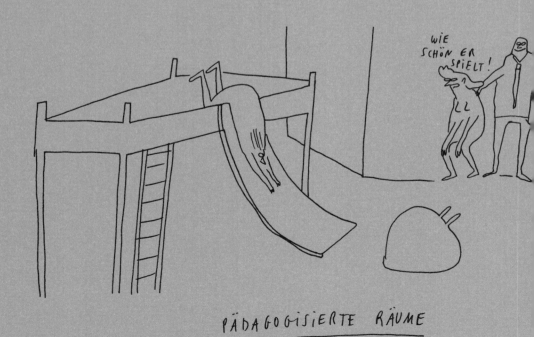

PÄDAGOGISIERTE RÄUME

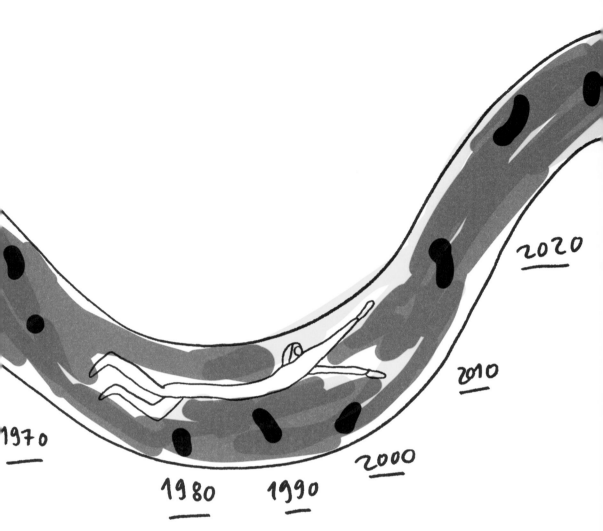

Kindheit(en) und Jugend(en) sind prägende Lebensphasen und heutige Kinder und Jugendliche sind die erste Generation sogenannter Digital Natives. Wir erforschen damit auch vergangene und zukünftige Lebenswelten Erwachsener. Konkret untersuchen wir, wie sich das Raumwissen von Kindern und Jugendlichen seit den 1970er-Jahren verändert hat. Raumwissen umfasst, wie junge Menschen Räume subjektiv erleben, welche Vorstellungen sie von Räumen haben und welche Gefühle verschiedene Räume in ihnen wecken. Hierzu haben wir 60 vorhandene Studien zu Kindheit beziehungsweise Jugend ausgewertet. Diese sogenannte qualitative Metaanalyse umfasste Aufsätze und Bücher, die auf Englisch, Spanisch oder Deutsch veröffentlicht wurden. Sie beziehen sich auf junge Menschen aus 30 Ländern in Afrika, Asien, Australien, Europa, Nord- und Südamerika.

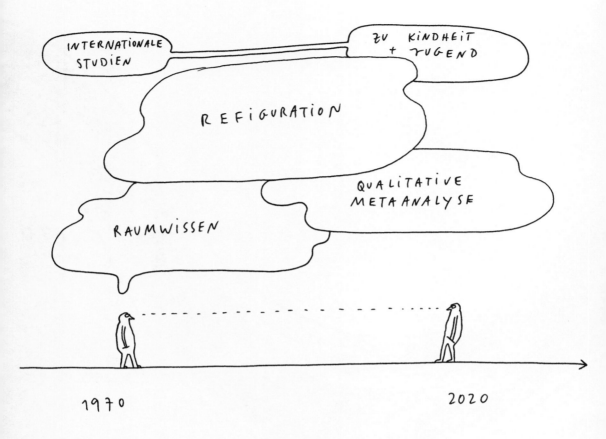

Darüber hinaus interessiert uns, wie das Raumwissen von Kindern und Jugendlichen heute in partizipativen Design- und Planungsprozessen berücksichtigt wird. Dafür beforschen wir drei Planungsprozesse in Peru, Kolumbien und Deutschland. Als Ergebnis konnten wir Entwicklungstrends im Raumwissen feststellen, die zwar keineswegs für alle Kinder und Jugendlichen weltweit Gültigkeit haben, doch aber auf junge Menschen aus unterschiedlichen Weltregionen und verschiedenen Lebenssituationen zutreffen.

Es zeigt sich, dass Kinder und Jugendliche zunehmend gleichzeitig in unterschiedliche Räume eingebunden sind. Diese Räume können verschiedenen Logiken folgen und auf verschiedenen Maßstabsebenen verortet sein. Das Zuhause und die Nachbarschaft sind heute genau wie früher wichtige Aufenthaltsräume junger Menschen. In der Vergangenheit wurde davon ausgegangen, dass junge Menschen ihren Bewegungsradius mit wachsendem Alter um das Zuhause stetig erweitern. Bildlich wurde diese Idee häufig als »Zwiebelmodell« beschrieben, um zu verdeutlichen, dass junge Menschen sich ihre Umwelt »Schicht für Schicht« erschließen. Seit den 1980er-Jahren

EREIGNISSE
MEDIEN
GEDANKEN
ERFAHRUNG
GEFÜHLE
RAUMWISSEN

HOME

FREUND (ZENTRUM)

SCHULE

VER INSELTE KINDHEIT

beobachten Forscher*innen allerdings zunehmend, dass junge Menschen sich keineswegs nur in ihrem Nahraum bewegen, sondern gleichzeitig eine wachsende Zahl entfernterer Orte für verschiedene Aktivitäten nutzen. Dies sind zum Beispiel die Musikschule oder der Sportverein im Nachbarort oder das Shoppingcenter in der Region. Um diese einzelnen »Inseln« zu erreichen, werden junge Menschen häufig von ihren Eltern mit dem Auto gefahren oder sie nutzen den ÖPNV, weswegen ihnen die Räume zwischen den »Inseln« weniger gut bekannt sind. Daher wird dies als Fragmentierung des Lebensraums junger Menschen eingeordnet und als »Verinselung« bezeichnet. Gleichwohl zeigt unsere Untersuchung, dass das selbstständige Unterwegssein zu Treffpunkten oder auch der Schule für viele Kinder und Jugendliche als selbstbestimmte Zeit genossen wird, um mit Freunden zu kommunizieren und sich der Kontrolle ihrer Eltern zu entziehen.

Besonders auffällig ist, dass durch Medien vermitteltes Raumwissen und virtuelle Räume deutlich an Bedeutung gewinnen. Digitale Medien sind heute integraler Bestandteil der Lebenswelt vieler

MOBILITÄT ALS FREIZEITSTRATEGIE

(wenngleich nicht aller) Kinder und Jugendlichen, was weitreichende Konsequenzen für das Raumwissen junger Menschen hat: Jugendliche stehen auf dem Schulhof in Berlin und chatten mit ihren Freunden aus dem Austauschjahr in Australien. Kinder wohnen am Rande der schnell wachsenden Stadt Lima und kennen die aktuelle Mannschaftsaufstellung des Dortmunder Fußballvereins BVB. Im Ergebnis wird das Raumwissen junger Menschen erweitert um Wissen über immer weiter entfernte Räume, dort lebende Menschen und dort stattfindende Ereignisse. Dass Kinder und insbesondere Jugendliche einem stetigen Informationsfluss ausgesetzt sind, führt auch dazu, dass sie ihr persönliches Hier und Jetzt vor dem Hintergrund möglicher Alternativen reflektieren. Das beeinflusst durchaus, wie Kinder und Jugendliche ihre direkte Nachbarschaft bewerten und welche Vorstellung sie von ihrer persönlichen Zukunft haben. Diese Beobachtungen können mit Prozessen der Mediatisierung – bis in die 1990er-Jahre vor allem die Verbreitung des Fernsehens, heute die zunehmende Verfügbarkeit von *digital devices* – begründet werden. Damit verzeichnen wir heute einen Bedeutungszuwachs

ANALOG DIGITAL

medial vermittelten Raumwissens. Das Vor-Ort-Wissen basierend auf leiblicher Erfahrung wird ergänzt und verändert durch ein Von-Orten-Wissen.

Gleichwohl stellen wir fest, dass *das Lokale* keineswegs seine Bedeutung verliert. So nutzen Kinder und Jugendliche das Internet, um ihre Offline-Interessen zu verfolgen. Das kann zum Beispiel heißen, dass sie sich online über die nächsten Konzerte in ihrer Heimatregion informieren. Aber auch ortsgebundene Aktivitäten werden anhand digitaler Medien online fortgesetzt, was eine zunehmende Vielschichtigkeit der Geschehnisse des Vor-Ort-Seins bedingen kann.

Eine weitere Entwicklung, die das Raumwissen junger Menschen zusehends prägt, ist die wachsende Zahl und Aufenthaltsdauer in

spezialisierten Räumen, die explizit für junge Menschen gestaltet werden (Spielplätze, Sportanlagen, Schulen etc.). Erwachsene gestalten diese und orientieren sich hierbei überwiegend daran, welche Aktivitäten sie für junge Menschen als sinnvoll erachten. Die Aspekte Sicherheit, Kontrolle und Lernerfolg sind häufig maßgeblich für die Gestaltung. Entsprechend legt die physische Gestaltung bestimmte Nutzungen nahe und unterbindet andere, wodurch die Aktivitäten junger Menschen in diesen Räumen beeinflusst werden. Wir bezeichnen diese speziell für junge Menschen gestalteten Räume als pädagogisierte Räume, wenngleich diese auch andere Nutzergruppen ansprechen. Gleichzeitig werden junge Menschen aus vielen öffentlichen Räumen verdrängt und typische Raumnutzungen (wie

Skateboarden) werden entweder über Schilder als verboten dekla-
riert oder durch die Gestaltung von Räumen indirekt unterbunden.

Bei der Gestaltung von Orten für Kinder und Jugendliche werden
junge Menschen teilweise einbezogen. Im Verlauf solcher partizipa-
tiver Planungsprozesse werden unterschiedliche Methoden genutzt,
um die Bedürfnisse junger Menschen in Erfahrung zu bringen. Mit
unserer Fallstudie in Lima haben wir den Umbauprozess eines zentralen öffentlichen Raums rund um ein Nachbarschaftszentrum begleitet. Die verantwortlichen Planer*innen stellten den Kindern Materialien (u. a. Holzstehlen) zur Verfügung und nahmen probeweise
kleinere Umgestaltungen (z. B. Bepflanzungen) vor. Sie beobachteten
dann die entstehenden Aktivitäten der Kinder – sie versuchten also,

RAUMWISSEN
WIRD
BEOBACHTET
(NICHT ERFRAGT)

WANN FUNKTIONIERT EIN RAUM ?

das Raumwissen junger Menschen abzulesen. Das Raumwissen der Kinder umfasste beispielsweise Ideen, für welche Spiele sich Flächen und Objekte nutzen lassen: So hatten die Planer*innen eine Grünfläche vorgesehen; die Kinder nutzten die abschüssige Fläche allerdings zum Rutschen und Klettern. Außerdem zeigte sich das Raumwissen der Kinder in den konkreten Veränderungen, die sie mithilfe der Materialien vornahmen. Sukzessive nutzten sie die Holzstehlen als fantasievolle Klettergerüste und schufen so eigene Spielräume. Aus diesen Beobachtungen entwickelten die Planer*innen Anhaltspunkte für die dauerhafte Umgestaltung. Beispielsweise wurde die geplante Grünfläche verworfen und stattdessen ein befestigter Hang zum Rutschen und Klettern geschaffen.

Auffällig ist, dass sich Räume für Kinder und Jugendliche weltweit in unterschiedlichen Kontexten durchaus angleichen – also ähnlich gestaltet werden. So können Spielplätze in Peru und Deutschland mit baugleichen Spielgeräten der gleichen Herstellerfirma ausgestattet sein. Damit beeinflusst die Globalisierung Kindheit(en) und Jugend(en) in einem nicht zu unterschätzenden Maße. Doch heißt dies keineswegs, dass sich die Erfahrungen – also auch das Raumwissen – junger Menschen global vereinheitlichen. Im Gegenteil: Wir stellen fest, dass ähnlich gestaltete Räume in verschiedenen Kontexten gänzlich unterschiedlich bewertet werden. Während zum Beispiel Kinder in Australien standardisierte Spielplatzdesigns mit Rutsche und Klettergerüst als langweilig kritisieren, begeistern diese Kinder in Bangladesch als saubere Orte, die ausschließlich ihrem Spiel dienen.

Jenseits all dieser Veränderungen stellen wir fest, dass Raumwissen stabil von sozialer Ungleichheit geprägt bleibt. Konkret ist das mit Geschlechterungerechtigkeit verbundene Raumwissen erstaunlich stabil, wobei Mädchen gegenüber Jungs regelmäßig benachteiligt sind: Aufgrund elterlicher Restriktionen ist der Aktionsraum von Mädchen weniger vielfältig und ihr Bewegungsradius kleiner als der von Jungs. Mädchen müssen häufig mehr Zeit zuhause verbringen und sind weniger mobil. Ihre Aktivitäten werden beeinflusst und sind Ausdruck von geschlechtsspezifischen gesellschaftlichen Zuschreibungen. Dies wirkt sich auch auf ihre Raumwahrnehmungen aus: Die Nachbarschaftsideale von Mädchen sind stärker auf das Zuhause ausgerichtet und sie haben größere Ängste in Bezug auf Nachbarschaft und Stadt.

MÄDCHEN HABEN ZU STARKES INDOOR-RAUMWISSEN. — LEIDER.

Diese Ergebnisse werfen viele Fragen zum Raumwissen junger Menschen auf, die wir in der Zukunft adressieren wollen: Der Einfluss digitaler Medien auf das Raumwissen sowie die Gemeinsamkeiten und Differenzen im Raumwissen junger Menschen, die in unterschiedlichen Kontexten aufwachsen, werden bis heute wenig thematisiert. Schließlich treibt uns der beharrliche Geschlechterunterschied im Raumwissen um und wir wollen diesen zukünftig weiter beforschen. Am Ende geht es auch darum, unsere Erkenntnisse in die Planungspraxis von Stadträumen einfließen zu lassen. ✳

06

Die transregionale Tomate

Linda Hering, Julia Fülling

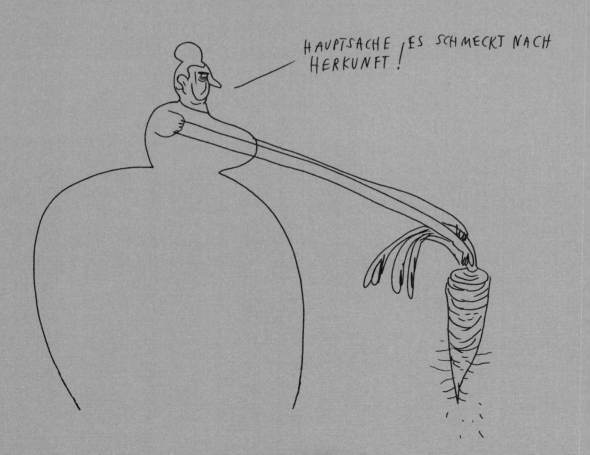

HAUPTSACHE ,ES SCHMECKT NACH HERKUNFT !

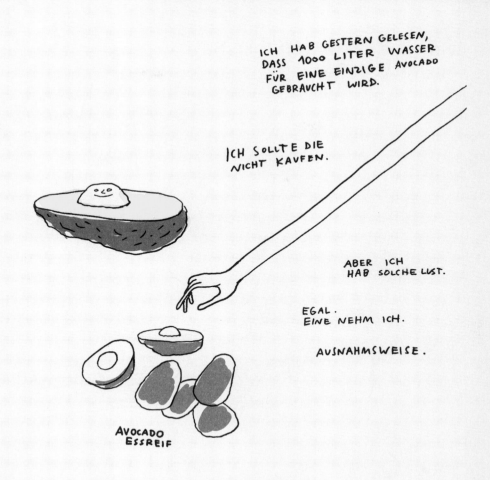

DIE VERBOTENE FRUCHT?

Regionales Obst und Gemüse

In den letzten Jahren steigt die Nachfrage nach frischen regionalen Lebensmitteln kontinuierlich an, der Handel reagiert mit einem wachsenden Angebot. Zudem wird die Forderung nach einer stärkeren Versorgung mit regionalen Lebensmitteln von Akteur*innen aus Politik und Zivilgesellschaft vorangetrieben. Oft wird die regionale Produktion mit Nachhaltigkeitsaspekten in Verbindung gebracht. Sie stärke die regionale Wirtschaft, sichere und verbessere die Arbeitsbedingungen und stelle ganz allgemein einen Gegenentwurf zur globalisierten Massenproduktion dar. Doch welche (neuen) Konflikte

WIE SEHEN VERBRAUCHER
DIE FRISCHEPRODUKTE

ergeben sich, wenn regionale Angebote das Standardsortiment ergänzen oder gar ersetzen sollen? Was sagt uns die regionale Herkunft über das Produkt? Und wie regional sind Regionalprodukte eigentlich, wenn wir ihre technische Gestaltung berücksichtigen?

Konsument*innen: hohe Ansprüche, wenig Zeit

Lia und Jan sind berufstätig und Eltern von zwei Kindern. Essen, Kochen sowie eine gesunde Ernährung spielen in der Familie eine große Rolle. Beim wöchentlichen Familieneinkauf muss es jedoch schnell, effizient und preisbewusst zugehen. Bei Obst und Gemüse ist es den beiden einerseits wichtig, dass es der Familie schmeckt, andererseits achten sie auf Nachhaltigkeit. Frischeprodukte sollen möglichst umwelt- und sozialverträglich sein. Da beide wenig Zeit haben, sich näher mit dem Thema zu beschäftigen, ärgern sie sich manchmal, wenn sie entsprechende Informationen im Supermarkt nicht finden. Neben dem Preis achtet die Familie meistens auf die Herkunft der Waren. Da weite Transportstrecken und problematische

Arbeitsbedingungen im Globalen Süden und Südeuropa heiß diskutiert werden, sucht die Familie nach regionalen Alternativen und hofft, damit wenig falsch zu machen.

Supermarkt: Frische für alle, allzeit (regional) verfügbar

Im Supermarkt um die Ecke finden Lia und Jan ein vielfältiges Sortiment vor, das Tomaten aus konventionellem, biologischem und regionalem Anbau führt – so gehört es inzwischen meist zum Standardsortiment im Berliner Lebensmitteleinzelhandel. Wenn die beiden nun Tomaten aus der Region kaufen, sollten diese dann aus Brandenburg kommen oder aus einem Umkreis von 150 Kilometern? Welche Kriterien regionale Frischwaren erfüllen müssen (z. B. wie weit entfernt die Produktion stattfinden kann), ist gesetzlich nicht geregelt. Da kann dann auch mal ein Produkt aus Baden-Württemberg in Berlin als deutsche Regionalware angeboten werden.

Dass das so ist, hat mit verschiedenen Herausforderungen für den Lebensmitteleinzelhandel zu tun: Erstens ist die Kundschaft divers, hat unterschiedliche Erwartungen und Ansprüche. Einige legen viel Wert auf Regionalität und saisonale Angebote. Andere wollen hingegen nicht auf das umfangreiche Standardsortiment verzichten. Erklärungsversuche stoßen dann auf taube Ohren. Zweitens ist die Konkurrenz im Lebensmitteleinzelhandel groß. Mittlerweile dominieren vier große Unternehmen den deutschen Markt, erzielen zusammen 60 bis 70 Prozent der Marktanteile. Würden Lia und Jan die gewünschten regionalen Tomaten nicht im Supermarkt finden, könnte es sein, dass sie zu anderen Anbieter*innen wechseln. Die Kundenbindung ist essenziell und das Frischeangebot gehört zum Profilierungssegment, das heißt, hier gewinnt oder verliert man die Kundschaft. Es ist also nicht verwunderlich, dass sich mittlerweile fast ganzjährig regionale Angebote finden lassen. Schauen wir uns nun doch mal eine sogenannte regionale Tomate genauer an: Was verrät uns die Herkunftsangabe eigentlich über sie?

Die transregionale Tomate

Anhand der gesetzlich vorgeschriebenen Herkunftsangabe, die Konsument*innen über die Herkunft der Frischeprodukte informieren soll, können Lia und Jan erkennen, ob die Tomaten in Deutschland angebaut wurden. Immer öfter finden sich zudem Angaben zur Region (z. B. Brandenburg). In Deutschland werden konventionelle Tomaten in der Regel im Gewächshaus auf Steinwolle oder organischem Kokosboden kultiviert. Die Samen, aus denen die Tomaten gezogen werden, stammen heutzutage fast ausschließlich von großen Samenproduzent*innen und wurden mit großer Wahrscheinlichkeit für niederländische Unternehmen produziert. Auch die Gewächshaustechnologie stammt zumeist von dort. Aufgezogen, gepflegt und geerntet wird das Lieblingsfruchtgemüse der Deutschen wahrscheinlich von Saisonarbeiter*innen aus Rumänien oder Bulgarien. Bei Tomaten aus einer standardisierten Massenproduktion im Gewächshaus können weder die Konsument*innen noch die Händler*innen sehen, riechen oder schmecken, woher sie stammen. Zwar haben lokale Bedingungen wie Nährstoff- und Feuchtigkeitszuführung sowie Sonneneinstrahlung Einfluss auf das Ergebnis, allerdings können selbst die neusten Laboruntersuchungen, sogenannte Isotopenanalysen, niederländische nicht von spanischen Gewächshaustomaten unterscheiden – dazu müssten sie auf dem Boden kultiviert werden (Hendriks 2018: 73).

Ein wichtiges Argument zum Kauf regionaler Produkte ist die ökologische Nachhaltigkeit: Die regionale Tomate soll eine bessere

BIOFACTE

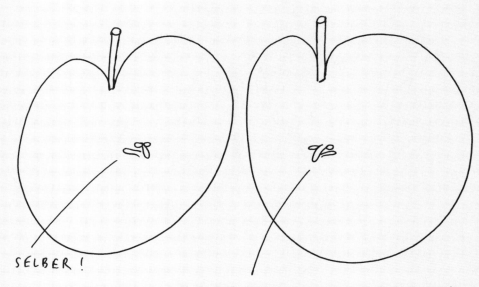

SELBER !

DU HAST NE SUPERSCHÖNE FÄRBUNG !

EINZELHANDEL

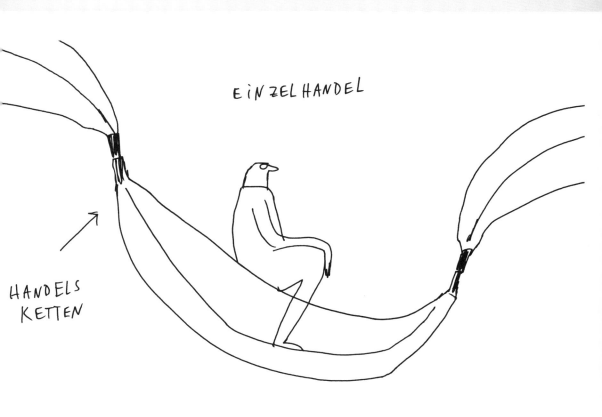

HANDELS
KETTEN

KOMPLEXITÄT REDUZIEREN

STANDARDFRAU

STANDARDMANN

STANDARD-APFEL

CO_2-Bilanz haben und demnach umweltfreundlicher sein als jene aus Spanien. Doch das ist nur im Sommer der Fall. Wird es in Deutschland kälter, verbrauchen die beheizten Gewächshäuser mehr Energie als der Transport aus Spanien, sodass das importierte Produkt die bessere Klimabilanz aufweist (Müller-Lindenlauf et al. 2013: 38–39).

Regionalität: Qualitätsmerkmal oder Marketingstrategie?

Um sicher zu sein, dass die eingekauften Waren möglichst umwelt- und sozialverträglich sind, greifen viele Konsument*innen auf regionale Waren zurück. Der Lebensmitteleinzelhandel greift dieses Konzept auf, um der Nachfrage gerecht zu werden. Doch solange das Konzept der Regionalität nicht definiert ist, bietet es Raum für Unsicherheit oder sogar Täuschung von Verbraucher*innen. Und wie regional ist die brandenburgische Tomate noch, wenn weder die Samen noch die eingesetzten Technologien und die Arbeitskräfte aus

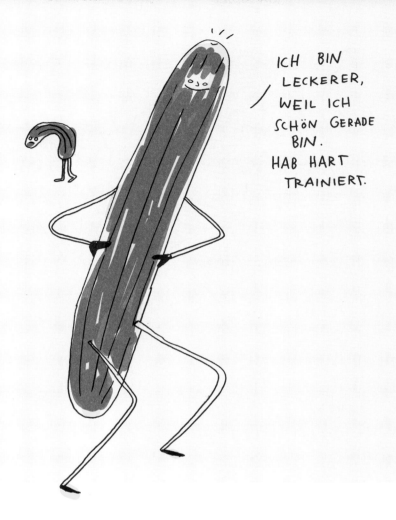

Brandenburg stammen? Selbst beim regionalen Anbau von Frische-
produkten bestimmen translokale Verflechtungen den Produktions-
alltag. Welchen Wert hat diese Angabe, wenn sich anhand der Herkunft weder gesicherte Aussagen über die Qualität noch über Pro-
duktionsweise oder die Umweltverträglichkeit machen lassen?

Die große Beliebtheit von Regionalangeboten kann je nach Konsument*in interpretiert werden als wachsendes Umweltbewusstsein,
als Ablehnung einer globalen Massenproduktion oder als Skepsis gegenüber dem Fremden. Doch für die Ernährungssicherung der Bevölkerung, nicht nur in Deutschland, ist ein globaler Handel längst
unabdingbar – eine Rückkehr zur nationalen Selbstversorgung ist als
flächendeckendes Modell nur schwer umsetzbar. Zudem hätte dies
wiederum Auswirkungen auf lange bestehende Handelsbeziehungen
und damit verbundene Abhängigkeiten und Verantwortungen.

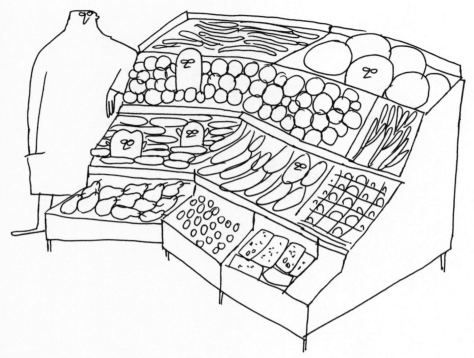

DER HÄNDLER WEIß NICHT MEHR VIEL ÜBER SEINE PRODUKTE. ZUVIELE ZWISCHENSCHRITTE.

An unser Beispiel schließen allgemeine Fragen an, beispielsweise wie unser Lebensmitteleinkauf in Zukunft gestaltet sein sollte, um in sozialer, ökologischer und ökonomischer Hinsicht nachhaltig zu funktionieren. Welche Rolle soll beziehungsweise muss der Handel einnehmen? Er ist zuallererst ein Wirtschaftsakteur, kann aber durch sein Waren- und Informationsangebot nachhaltige Produktions- und Konsummuster fördern. Wie steht es mit den Konsument*innen? Müssen sie sich besser informieren über die Frischeprodukte, die sie kaufen, oder ist diese Anforderung in Anbetracht der Komplexität unserer Konsumlandschaften eine Überforderung? Können und sollen nun alle zu Ernährungsexpert*innen avancieren? Und wollen Konsument*innen die Hintergründe der Produktion überhaupt so genau kennen? Inwieweit sollte die Politik intervenieren (z. B. durch gesetzliche Standards oder ein einheitliches Labeling von Waren), um sowohl den Handel als auch die Konsument*innen von der Last

ESSBAR ABER LEIDER AUSRANGIERT.

PAPRIKA

ZUCCHINI

ZITRONE

BIOFAKTE : OBST UND GEMÜSE
ALS GESTALTETE DINGE

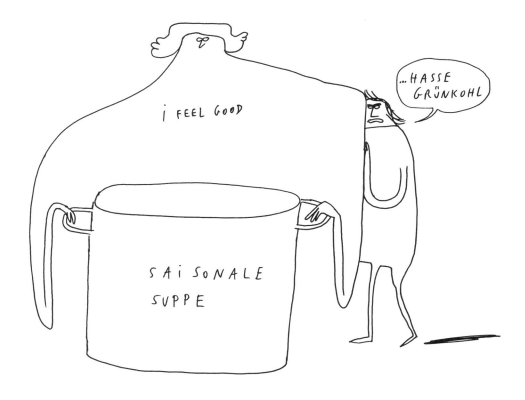

der Bewertung unterschiedlicher Nachhaltigkeitskriterien zu befreien? Und wie groß darf der Verzicht ausfallen, den ein nachhaltigeres Ernährungssystem erfordert, und wer genau verzichtet worauf? ✳

Literatur:

Hendriks, Annemieke: Tomaten. Recherchen auf dem globalisierten Nahrungsmittelmarkt. Bonn 2018.

Müller-Lindenlauf, Maria, et al. (30. Juni 2013): »CO₂-Fußabdruck und weitere Umweltwirkungen von Gemüse aus Baden-Württemberg. Endbericht«, unter: https://www.ifeu.de/wp-content/uploads/IFEU-MBW_Gemuese_Bericht_2013-final.pdf (letzter Zugriff: 14. Juli 2020).

07

Raum-aneignungen an Orten des Asyls

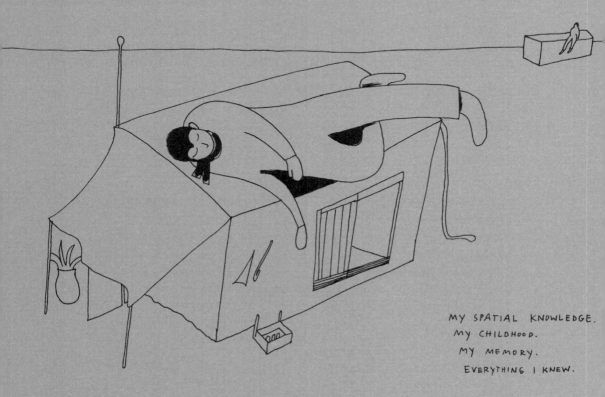

MY SPATIAL KNOWLEDGE.
MY CHILDHOOD.
MY MEMORY.
EVERYTHING I KNEW.

STÖR MICH BITTE NICHT.

ICH
DWELLE.

2020 wurde ein trauriger Rekord gebrochen: Die offizielle Zahl der Menschen auf der Flucht erreichte 80 Millionen – Tendenz steigend (UNHCR 2021). Obwohl die allermeisten Geflüchteten in Entwicklungsländern verbleiben, suchten, ausgelöst vom syrischen Bürgerkrieg, auch in Deutschland um die eine Million Flüchtlinge Aufnahme und Schutz. Trotz der im weltweiten Vergleich niedrigen Pro-Kopf-Zahl wurden Debatten über die mit der Ankunft verbundenen Herausforderungen sehr konflikthaft und polarisierend geführt.

FINGERPRINT HERE

SWEDEN

ISTANBUL

CAPTURED IN BERLIN.
MY UNWANTED DESTINATION.

personal stuff

Roses

Magdalenenstr.

spandau

wollenberger str.

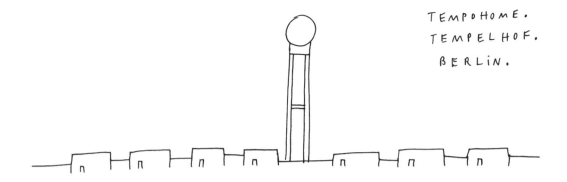

TEMPO HOME.
TEMPELHOF.
BERLIN.

In unserem in der Architektur, im Städtebau und der Stadtsoziologie verorteten Projekt geht es darum herauszufinden, welche Architekturen der Notversorgung und Unterbringung für Geflüchtete in Krisensituationen entstehen, um besser einschätzen zu können, wie Unterbringungen in Zukunft humaner und nutzergerechter geplant, gestaltet und betrieben werden können. Vor allem die Geflüchteten selbst geraten bei den kosten- und zeiteffizienten Notarchitekturen wie Zelten oder Containern meist aus dem Blick beziehungsweise werden lediglich als passive Opfer und Hilfsempfänger*innen betrachtet. Unser Projekt versucht hingegen, Geflüchtete als handlungsmächtige Akteur*innen zu verstehen, die Asylarchitekturen durch physisch-materielle und symbolische Aneignungsprozesse entscheidend mitprägen. Während internationale Organisationen oder auch Verwaltungsbeamt*innen deutscher Städte, die für Geflüchtetenunterbringungen zuständig sind, diese Aneignungen oft als chaotische Regelverletzungen und Gefährdung der reibungslosen und sicheren Versorgung betrachten, versuchen wir durch unser Projekt für eine andere Sicht zu sensibilisieren.

Unser Projekt ist als qualitative Vergleichsstudie angelegt, die das Ankommen und das Sich-Einrichten von Geflüchteten an verschiedenen Asylorten in Deutschland und Jordanien vergleichend beobachtet. Der Zugang zu den Unterkünften in Berlin und zu den Camps in Jordanien war nur durch genaue Absprachen und Genehmigungen seitens der skeptischen Aufsichtsbehörden möglich. Vor Ort konnten wir dann anhand teilnehmender Beobachtungen, gemeinsamer Spaziergänge mit Bewohner*innen, Fotografien und/oder Skizzen und Feldnotizen, Workshops und gemeinsamer Iftar-Essen und schließlich durch Einladungen in die privaten Wohnbereiche viel über das alltägliche Leben der Geflüchteten in den Unterkünften in Erfahrung bringen.

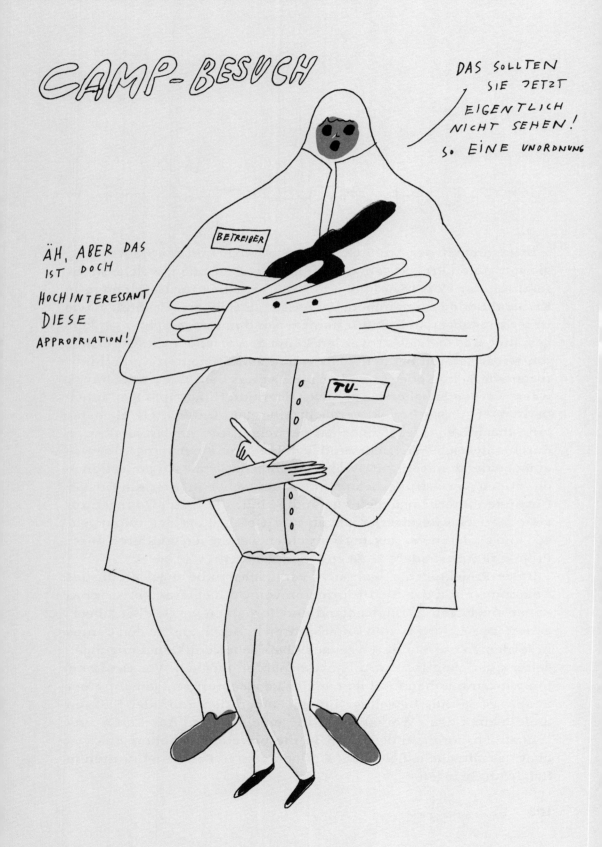

IST DAS EIN RAUM
ODER IST DAS EINE ORDNUNG?

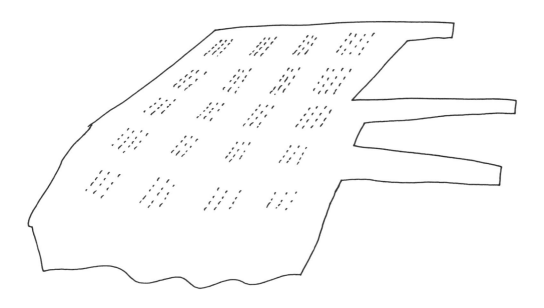

Welche Erkenntnisse konnten wir gewinnen? Sowohl in Jordanien als auch in Berlin konnten wir eine beeindruckende Vielfalt an von Geflüchteten initiierten Aneignungsprozessen von Notunterkünften dokumentieren. Diese rührten einerseits aus dem Bedürfnis, die anonymen, standardisierten Notarchitekturen (Zelte und Container in Jordanien; möblierte Containercluster in Berliner Tempohomes) den eigenen Wohnbedürfnissen pragmatisch anzupassen. Trotz vielfältiger Auflagen und teilweise strenger Kontrolle erschufen sich die Bewohner*innen der Berliner Tempohomes so ein Stück selbstbestimmte Stabilität, deren Grenzen immer neu ausgelotet und mit den Behörden ausgehandelt wurden. Es entstanden oft ausdifferenzierte Wohneinheiten, in denen die Vielfalt und Komplexität des Alltagslebens deutlich wird. Durch die Neuordnung von Möbeln, insbesondere der Betten und Schränke, entstanden private Schlafbereiche, die sich klar von den öffentlicheren Bereichen zum Beispiel zum Empfang von Gästen und für das Essen abgrenzten. Diese Anpassungen auf engstem Raum erfordern höchste Kreativität und oft mehrmaliges Umbauen im Tagesablauf. Das Abbauen und Wiederaufstellen von Betten beispielsweise waren für uns ein Beleg dafür, wie Geflüchtete die standardisierte Ordnung des Lagers herausfordern, um sich ein

TREFFEN UNTER AUFSICHT.

MÖCHTE SEINE
GESCHICHTE
TEILEN.

Zuhause zu erschaffen. Zur Sicherung der Privatsphäre wurden Vorhänge vor den Fenstern und der Haupttür der Containereinheit angebracht. Dies ermöglicht vor allem den Bewohnerinnen, den gesamten Container als Wohnraum zu nutzen, im Gegensatz zur ursprünglichen Planung, bei der die Eingangstür mitten in der Küche stand und durch ihre ebenerdige Position unerwünschte Blicke auf sich zog. Um die Vorhänge aufzuhängen, entwickelten die Geflüchteten eine spezielle Technik, die die restriktiven Vorgaben des Containers – Nägel oder Schrauben an den Containerwänden waren strikt untersagt – geschickt umging: Löffel wurden in die Verbindungsstellen der Metallbleche geklemmt, um daran zum Beispiel einen Vorhang zu befestigen. Gegessen wird oft in größeren Gruppen, häufig lädt die in dem jeweiligen Containerkomplex wohnende Familie auch andere Bewohner*innen der Unterkunft zum Essen ein. Der vom Landesamt für Flüchtlingsangelegenheiten bereitgestellte Tisch ist allerdings nur für zwei Personen ausgelegt, nicht für eine größere Gruppe oder mehrköpfige Familien. Deshalb arrangieren Bewohner*innen in

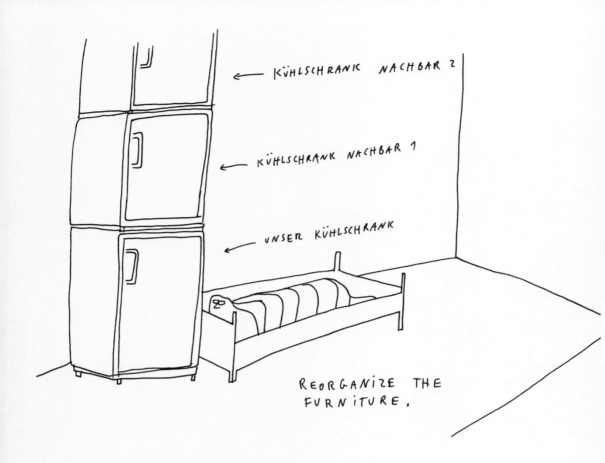

KÜHLSCHRANK NACHBAR 2

KÜHLSCHRANK NACHBAR 1

UNSER KÜHLSCHRANK

REORGANIZE THE FURNITURE.

vielen Fällen die Möbel um, um auf dem Boden Platz zum gemeinsamen Essen zu schaffen, und sie verschönern und polstern den Boden mit einem Teppich. Die Vorstellungen und Erfahrungen mit früheren Zuhause-Orten fließen nicht nur in die räumliche Organisation der Alltagshandlungen ein. Ein Bewohner der Tempohomes in der Wollenberger Straße verwandelte den Vorbau und die angrenzenden Grünflächen in einen kleinen kunstvoll angelegten und eingezäunten Garten, der ihn an den verlorenen Garten seines Hauses in Syrien erinnern sollte. Doch was für uns als Räume begrenzter Selbstbestimmung und Autonomie erschien, kann jederzeit durch unangekündigte Besuche von Sicherheitspersonal oder der Unterkunftsleitung, durch die Verhängung von Bußgeldern und Verboten, mit Demontage von Möbeln oder Dekoration unter Berufung auf die Brandsicherheit oder andere Verstöße gegen das Regelwerk und den Gestaltungskodex der Unterkünfte ad hoc dekonstruiert werden.

In den jordanischen Flüchtlingslagern konnten wir noch viel weitreichendere Aneignungen beobachten. Im Flüchtlingslager Zaatari

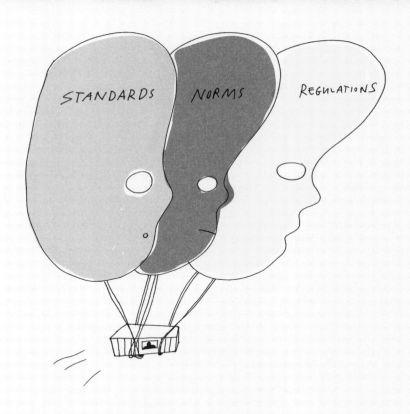

I DISMANTLED THE BED. I SLEEP BETTER
ON THE GROUND.

PRIVACY PLEASE !

BÜROKRATIE LERNT MIT.

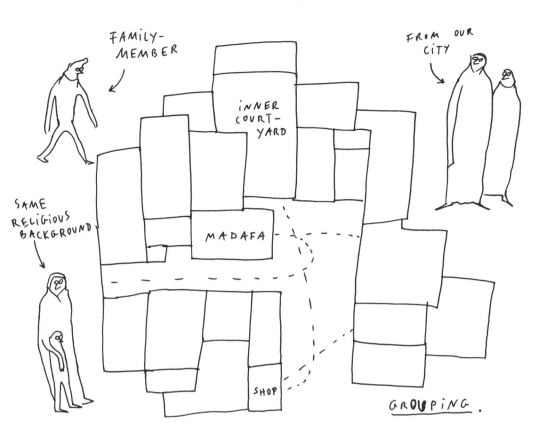

wurden Geflüchtete zunächst unabhängig von ihrer Herkunft registriert und verfügbaren Zelten beziehungsweise Containern zugewiesen. Doch schon nach kurzer Zeit kollabierte diese auf universalistischen Prinzipien basierende, fast militärisch anmutende Ordnung. Eine wesentliche Dimension des sozial-räumlichen Zusammenlebens vor allem in traditional geprägten arabischen Kulturen ist das Zusammenleben innerhalb von Großfamilienzusammenhängen oder die räumlich-soziale Einheit von Clanstrukturen, die oft eine gesamte Dorfbevölkerung stellen oder bestimmte städtische Quartiere dominieren. Diese Ordnungsmuster und Hierarchien wurden schnell auch in Zaatari reproduziert. Geflüchtete versuchten, in die Nähe von Verwandten, Bekannten oder Personen aus demselben Herkunftsort umzuziehen. Bewohner*innen begannen, die im Raster aufgestellten Container zu verschieben und neu zu ordnen. Da die Container auch per Hand (durch mindestens sechs Personen) verschoben, gedreht beziehungsweise über kurze Strecken transportiert werden konnten, erfolgte dies oft auch im Schutz der Dunkelheit. Ziel war es, geschlossene oder zumindest teilweise nach außen abgeschirmte

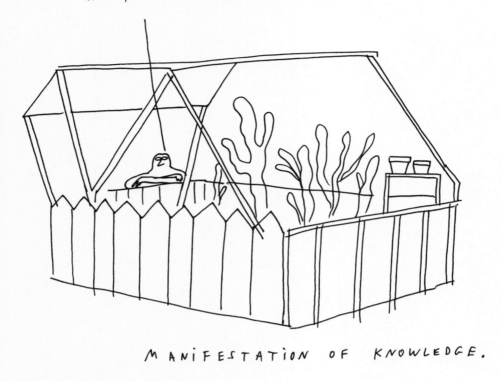

IN SYRIA I HAD A BIG FARM.

MANIFESTATION OF KNOWLEDGE.

Cluster zu bilden und so dem Bedürfnis nach offenen, jedoch vor Einblicken geschützten Hofsituationen zu entsprechen, wie sie auch in den Herkunftsorten aufzufinden sind. Durch An- und Umbauten konsolidierten sich diese Anordnungen später oft zu komplexen introvertierten Blockstrukturen, in denen Großfamilien und Clans zusammenleben und halb öffentliche Gassen und Höfe miteinander teilen. Trotz anfänglicher Versuche, dies zu unterbinden, fügte sich die Camp-Leitung des UNHCR schon bald dieser Dynamik. In wenigen Monaten entstand eine völlig neue, die mitgebrachten kulturellen Gewohnheiten reproduzierende sozial-räumliche Ordnung, die der humanitären Verteilungs- und Ordnungslogik in anonyme Blöcke und Sektoren widerspricht.

Unsere Forschung zeigt, dass die Raumaneignungen als der Versuch eines Sich-ein-Zuhause-Machens verstanden werden können – also als ein Prozess, in dem die Geflüchteten ein Gefühl der Würde, Sicherheit und Geborgenheit durch Selbstversorgungs- und Gestaltungspraktiken erreichen, wenngleich sie so auch nur temporär

" I HAVE TO CHANGE MY ENVIRONMENT EVERYDAY OTHERWISE I START THINKING ABOUT MY WIFE AND MY CHILDREN "

einer Situation ständiger Überwachung und Kontrolle entkommen. Durch die Analyse der materiellen Konstellationen und der Prozesse, wie diese die täglichen Routinen wie Essen, Schlafen oder den Empfang von Gästen strukturieren, lässt sich rekonstruieren, wie sich die Raumerfahrungen Geflüchteter am Ort des Asyls verändern und anpassen – und so graduell neue translokale und multikontextuelle Routinen entstehen, die typisch für ein Zuhause an einem temporären Ort sind.

Die Praktiken des Sich-Einrichtens und des Sich-ein-Zuhause-Machens der Bewohner*innen kollidieren vielfach mit den Normen und Regeln der Asylorte, weshalb sie in Grauzonen stattfinden oder auch als illegal eingestuft und unterdrückt werden. In jedem Fall sind sie immer wieder von der jeweiligen Toleranz der Betreiber*innen, des Sicherheitspersonals und der Sozialarbeitenden abhängig. So entsteht ein permanenter Aushandlungsprozess zwischen dem Handlungsspielraum der Geflüchteten auf der einen Seite und den bestehenden Normen und Regeln, der normativen und physisch-materiell

ABU MOHAMMED BOUGHT A CONTAINER. AND HE OPENED A SHOP. SELLING BIRDS.

umgesetzten Ordnungsstruktur und der Art und Weise, wie diese kontrolliert wird, auf der anderen Seite. Während universelle Standards in Asylarchitekturen weiterhin relevant und sinnvoll bleiben, könnten durch eine offenere Haltung gegenüber der räumlichen Mitgestaltung durch Geflüchtete identitätsstiftende Prozesse befördert werden, die helfen, Betroffene von Opfern zu handelnden Subjekten werden zu lassen. Es mutet fast ironisch an, dass gerade im Kontext der auf dem Prinzip der Subsidiarität basierenden Planungskultur in Deutschland, die lokalen kommunalen Akteur*innen zugleich Verantwortung, aber auch große Handlungsspielräume bei der Flüchtlingsunterkunft zukommen lässt, eher vorstrukturierte und vermachtete Versorgungsräume reproduziert werden, obwohl die materiellen, politischen und kulturellen Voraussetzungen für experimentellere, auf Selbstorganisation aufbauende Ansätze eigentlich gegeben sein müssten. ✳

08

Überall und nirgends. NGOs zwischen lokaler und globaler Wirksamkeit

Johanna Hoerning, Theresa Adenstedt,
Paul Welch Guerra

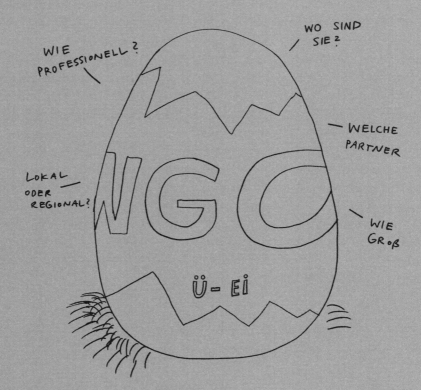

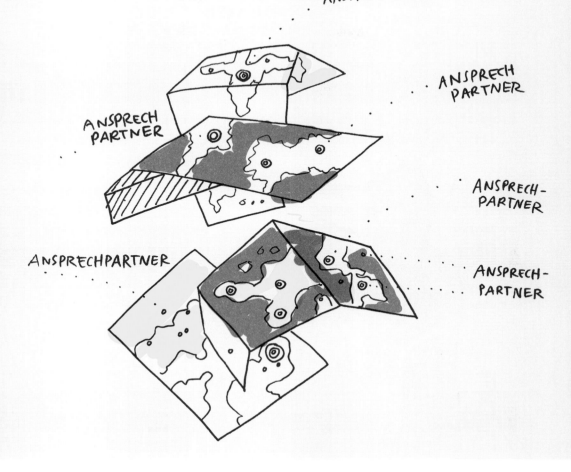

Zu fast jedem Thema gibt es eine Vielzahl von Nichtregierungsorganisationen (NGOs), die sich für bestimmte Zielgruppen einsetzen oder auch Regierungen und andere politische Akteur*innen beraten und versuchen, Entscheidungen zu beeinflussen (Lobbying oder *advocacy*). Gerade weil sie *zwischen* Wirtschaft, Staat und Gesellschaft stehen, wird ihnen manchmal eine Mittlerrolle zugeschrieben. Einzelne Organisationen befinden sich aber nicht in der Mitte dieses Dreiecks, sondern meist in der Nähe einer der drei Ecken: als Interessensverbände von Unternehmen, als Dienstleisterinnen von Staaten oder als bewegungsnahe Organisationen. Sie unterscheiden sich auch in ihrer Reichweite: Manche sind vereinsartig ganz lokal organisiert, andere haben eine Verbandsstruktur auf regionaler

DAS SPRECHEN FÜR ANDERE

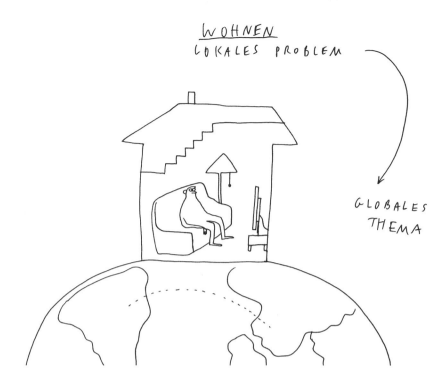

WOHNEN
LOKALES PROBLEM

GLOBALES
THEMA

oder nationaler Ebene. Wieder andere sind global ausgerichtet und gleichen in ihrer Organisationsstruktur eher hochprofessionalisierten transnationalen Unternehmen. In gewisser Weise kann man sagen, dass NGOs überall sind – in allen Bereichen gesellschaftlichen Lebens, überall in der Welt verstreut. Sie sind aus den politischen Landschaften der Welt heute nicht mehr wegzudenken. Allerdings sind sie gleichzeitig nirgends eindeutig verortet – zum Beispiel haben viele ihren Sitz in den großen Städten des Globalen Nordens, arbeiten aber in ländlichen Gegenden im Globalen Süden. Als Bindeglieder und Vermittlungsagentinnen zwischen Orten, Staaten, Regionen sowie sozialen, ökonomischen und politischen Gruppen agieren sie in unterschiedlichen räumlichen Maßstabsebenen.

In unserem Projekt haben wir NGOs und ihre räumlichen Organisationsformen in zwei unterschiedlichen Politikfeldern untersucht – in der Wohnungspolitik und der Asylpolitik. In beiden Feldern ist ihre sogenannte Mittlerrolle kritisch – aber auf unterschiedliche Weise. Wen repräsentieren sie, für wen sprechen sie (ungefragt)? Im humanitären Feld überwiegen klassische, nicht staatliche, aber häufig staatlichen Organisationen zuarbeitende NGOs, die dennoch beanspruchen, die Interessen von Geflüchteten zu vertreten. Im

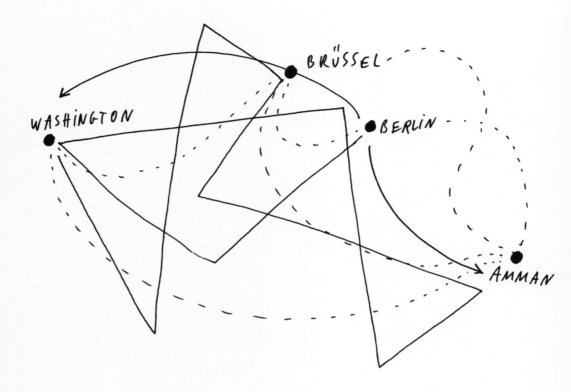

wohnungspolitischen Bereich überwiegen Nonprofit- und Interessensorganisationen, die spezifische Gruppen in der Wohnungspolitik vertreten. Anders als bei demokratischer Repräsentation werden hier aber weder alle Wohnungsunternehmen noch alle Mieter*innen gefragt, ob sie sich in dieser Weise vertreten lassen möchten. Räumlich sind diese beiden Felder so spannend im Vergleich, weil es im einen Fall um etwas sehr Lokales geht, das Wohnen, was aber strukturell längst nicht mehr nur lokal eingebettet ist: Vermieter*innen können weitgestreute unternehmerische Akteur*innen sein und Energiepolitik in Brüssel kann eine durchschlagende Wirkung auf das Wohnen in Berlin haben. Im anderen Fall geht es um etwas sehr Globales – Fluchtbewegungen und das Recht auf Asyl, wobei aber die Orte, an denen Geflüchtete ankommen (möchten), sehr spezifische Rahmenbedingungen stellen.

Im Hinblick auf Asylpolitik fragen wir: Wie gelingt es NGOs, ein räumlich so komplexes und hochdynamisches Phänomen wie Migration und Flucht zu bearbeiten und wie gehen sie mit den sehr unterschiedlichen räumlich-politischen Kontexten und den Machtgefällen zwischen diesen Kontexten um? Der Syrienkrieg hat seit 2011 mehrere Millionen Syrer*innen gezwungen, ihr Heimatland zu

ICH BRAUCH NOCH 'NE NGO FÜR MEIN EUROPÄISCHES MIGRATIONSMANAGEMENT

AUSSENMINISTERIUM

INTERESSENSVERSCHRÄNKUNG

verlassen. Eine Minderheit dieser Menschen ist nach Europa geflohen, die meisten leben heute in den Nachbarländern Syriens, zum Beispiel in Jordanien. Eine global agierende NGO, die wir untersucht haben, hat in der jordanischen Hauptstadt Amman ein Büro. Hier gibt es unter anderem eine *advocacy*-Beauftragte. Entgegen unserer Erwartung spielt diese Person allerdings kaum eine Rolle, wenn die NGO versucht, die jordanische Regierung zu bestimmten asylpolitischen Maßnahmen zu drängen. Die NGO wird in Amman als Akteurin mit einer westlichen Agenda wahrgenommen und verhält sich entsprechend: keine öffentliche Kritik an politischen Entscheidungen; interne Kanäle zur Druckausübung gibt es kaum. Das heißt aber nicht, dass die NGO sich aus dem Geschehen heraushält. Ganz im Gegenteil, und hier kommen nun die *advocacy*-Beauftragten in Brüssel, Berlin und Washington ins Spiel. Diese nutzen ihre Kontakte zu ihren wichtigsten Geldgeber*innen in den Institutionen der EU, dem US-Kongress oder der deutschen Regierung. Dort lobbyieren sie dafür, dass jene in Verhandlungen mit der jordanischen Regierung

Forderungen stellen, die den Interessen der NGO entsprechen, etwa der Legalisierung von bestimmten Anstellungsverhältnissen von Syrer*innen in Jordanien. Die NGO nutzt und verkoppelt unterschiedliche Räume und Maßstäbe strategisch, um ihre Ziele zu erreichen: Für die westlichen Regierungen macht sich die NGO zu einer wichtigen Ansprechpartnerin, weil sie auf ihr Büro in Amman und »lokales« Wissen über Problemlagen von Geflüchteten vor Ort verweisen kann – aber auch, weil sie in der Konfliktregion Projekte umsetzt, die den innenpolitischen Interessen vieler westlicher Regierungen entsprechen: Umso besser es den Geflüchteten in den Nachbarländern Syriens geht, umso weniger wahrscheinlich ist es, dass sie sich auf den Weg nach Europa machen. Die NGO nutzt also den Machthebel westlicher Geldgeberstaaten gegenüber der jordanischen Regierung. Gleichzeitig macht sie sich zum Bestandteil eines europäischen Migrationsmanagements, das unter anderem auf regionales *containment* setzt, also versucht, interregionale Bewegungen gen Norden zu unterbinden. Dafür spricht auch, dass die NGO sich ausschließlich

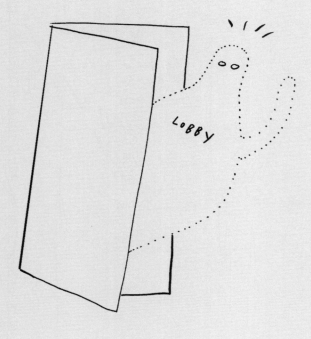

WOHNUNGSPOLITIK IN BERLIN?

LOBBY

für syrische Geflüchtete in Jordanien einsetzt, obwohl es in Amman zum Beispiel auch Tausende ostafrikanische Geflüchtete gibt – eine Gruppe, die für migrationspolitische Erwägungen der EU bestenfalls zweitrangig ist. Die ungleiche Behandlung unterschiedlicher Gruppen von Geflüchteten ist im humanitären Feld ein augenfälliges Problem. Es zeigt sich vor allem im lokalen Kontext in seinen Konsequenzen: wenn ganze Gruppen von Geflüchteten ausgeschlossen werden.

Wie verhält es sich in der Wohnungspolitik? Gerade die Interessenorganisationen der Angebotsseite sind erfolgreich darin, *advocacy* zu betreiben. Die Akteur*innen werden hier aber nicht immer sichtbar, agieren viele doch sehr klassisch im Rahmen »verborgener« Lobbytätigkeit und nutzen nicht die Bühne der Öffentlichkeit. Wir haben uns verschiedene Organisationen angesehen, die Mieter*innen, kommunale Wohnungsunternehmen beziehungsweise -genossenschaften sowie Unternehmen der Immobilienwirtschaft in Deutschland, Europa und auf globaler Ebene vertreten. Für Mieterverbände

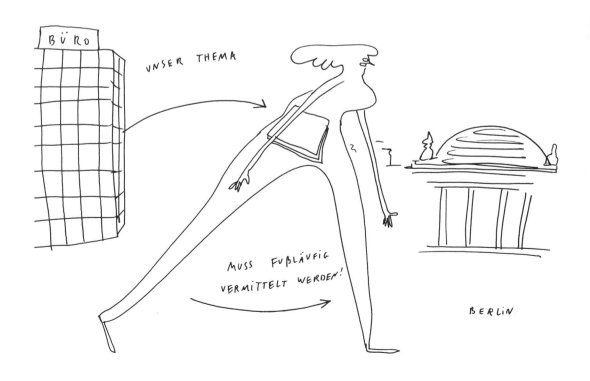

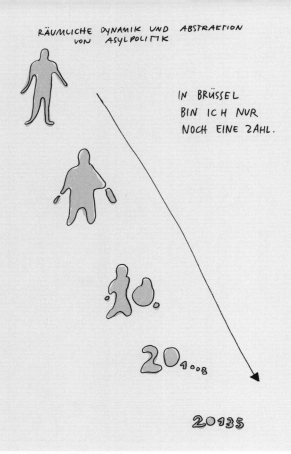

RÄUMLICHE DYNAMIK UND ABSTRAKTION
VON ASYLPOLITIK

IN BRÜSSEL
BIN ICH NUR
NOCH EINE ZAHL.

ist es ausgesprochen wichtig, eine starke lokale Verortung zu haben, auf Bundes- und europäischer Ebene sind sie häufig nicht sehr personalstark vertreten. Grundsätzlich zeigt sich, dass die Organisationen desto stärker auf Berlin und Brüssel fokussiert sind, je finanzstärker und weitgehender die Mitglieder der Verbände in wirtschaftliche Zusammenhänge eingebunden sind. Lokal ist hier eher die Anbindung an die politischen Entscheider*innen: Wichtig ist, dass man in laufbarer Entfernung zu diesen sitzt. Insgesamt – und das gilt in ähnlicher Weise für asylpolitische Zusammenhänge – hat der Abstraktionsgrad, mit dem Politik auf nationaler, europäischer oder sogar globaler Ebene gemacht wird, spürbare Auswirkungen. Einzelne Fälle werden zu Zahlen, die – egal ob Mieter*innen oder Geflüchtete – als Pfund in Brüssel eingesetzt werden. Aber auch auf die strategischen Allianzen kann diese Abstraktion des Konkreten Einfluss haben: So kann etwa, wenn es darum geht, in Brüssel Finanzmittel für den Wohnbereich grundsätzlich zu öffnen, eine Allianz zwischen einem Verband der Wohngenossenschaften und dem der

WELCHE RÄUMLICHEN WEGE
GEHEN DIESE ENTSCHEIDUNGSPROZESSE?

Mieterorganisationen funktionieren, während diese einander *on the ground* (national und insbesondere lokal) gegenüberstehen würden.

Was lässt sich jetzt übergeordnet auf die Frage nach den Zusammenhängen zwischen räumlichen Prozessen und den politischen Strategien von NGOs im Vergleich über die Felder sagen? Einerseits können wir anhand von NGOs sogenannte Reskalierungsprozesse sehr gut nachvollziehen. Damit ist gemeint, dass sich die Bedeutung unterschiedlicher Maßstabsebenen – des Lokalen, National-Territorialen oder Globalen zum Beispiel – und ihr Verhältnis zueinander verändern. Die Verlagerungen und Verschiebungen weg von den Orten, an denen Politik gemacht wird, zeigen sich deutlich in Europa. Für kleinere Organisationen kann es eine große Herausforderung sein, darauf zu reagieren. Der Netzwerkcharakter, den gerade die als Verbände organisierten NGOs haben, erlaubt ihnen flexible Anpassungen an solche Verschiebungen von politischen Kräfteverhältnissen. Gleichzeitig sehen wir auch, dass der nationalstaatliche Rahmen bestimmter Handlungsfelder nach wie vor sehr stark ist. Verschiedene

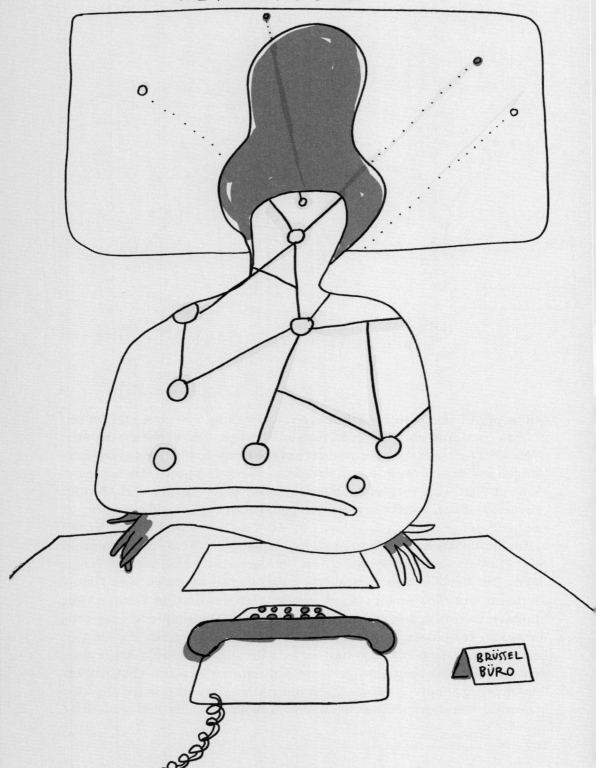

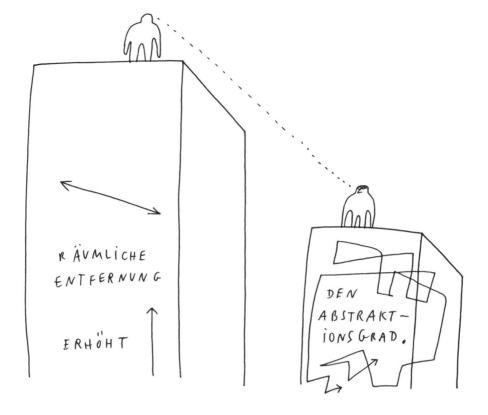

RÄUMLICHE ENTFERNUNG

ERHÖHT

DEN ABSTRAKTIONSGRAD.

Traditionen des sozialen Wohnungsbaus lassen sich etwa nicht ohne Weiteres aus dieser Bindung reskalieren. Ganz konkrete Orte werden für die Organisationen auf unterschiedliche Weise bedeutsam und strategisch genutzt. Für einige ist es in unserer vernetzten Welt scheinbar irrelevant, von wo aus sie agieren. Für andere sind Orte vor allem wichtig, wenn sich an ihnen Institutionen und politische Entscheidungsstrukturen verdichten, die auch (humanitäre) Geldflüsse betreffen, etwa in Berlin, Brüssel oder Washington. Wieder andere Orte können Kristallisationspunkte zentraler Herausforderungen beider untersuchten Felder sein: Oslo oder Barcelona etwa stehen für die kritische Auseinandersetzung mit Airbnb und den angespannten Mietmärkten. Lesbos oder Moria sind symbolhafte Orte für die europäische Asylpolitik und deren Verfehlungen. Umso wichtiger ist für ausnahmslos alle untersuchten NGOs eine translokale Vernetzung, mit der Ressourcendefizite (Wissen, Kontakte, Kooperationen u.v.m.) ausgeglichen werden können. ✳

09

Mauern aus Papier, Mauern aus Stein

Fabian Gülzau, Kristina Korte

Für viele Reisende aus westlichen Industrienationen spielen Staatsgrenzen nur noch eine untergeordnete Rolle. Reiseorte werden bequem mit dem Flugzeug erreicht und der einzige Kontakt mit Grenzkontrollen findet in Form von Passkontrollen statt. Dass dieser Erfahrungshorizont einer beinahe unbeschränkten Reisefreiheit aber nur von einem geringen Teil der Weltbevölkerung geteilt wird, zeigt ein Blick über den Tellerrand. Visumspflichten und -gebühren führen dazu, dass Personen mit dem »falschen« Pass bereits in ihrem

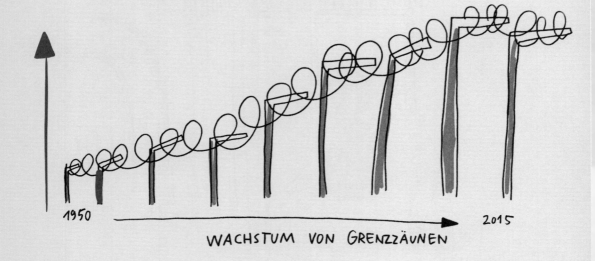

1950   2015

WACHSTUM VON GRENZZÄUNEN

Heimatland immobilisiert werden. Obwohl diese »Papiermauern« unerwünschte Mobilität bereits aus der Ferne regulieren, errichten viele Staaten zusätzlich fortifizierte Grenzen, um ihr Territorium abzusichern. Die Anzahl an Grenzzäunen nimmt seit den 1990er-Jahren rasant zu.

Unser Projekt ergründet, welche Staaten sich für derartig massive Grenzbauten entscheiden. Wir fragen zudem, welche weiteren materiellen Strukturen an Grenzen errichtet werden, um den Zugang zu einem Staatsgebiet zu kontrollieren. Auch untersuchen wir, weshalb Staaten sich hinsichtlich ihrer Grenzinfrastrukturen unterscheiden. Hierbei gehen wir quantitativ vor, indem wir alle Landgrenzen weltweit erfassen. An vier fortifizierten Grenzen führten wir zudem qualitative Interviews mit lokalen Akteur*innen durch, um sie zu Ursachen und Wirkungen von Grenzbefestigungen zu befragen. Die Fälle sind Algerien/Marokko, Indien/Pakistan, Serbien/Ungarn und USA/Mexiko.

Wir schlagen eine fünfstufige Typologie von Grenzinfrastrukturen vor, die – mit zunehmendem Härtegrad – Niemandslandgrenzen,

NIE MANDSLAND GRENZE

KAUM LOGISTIK VOM STAAT SICHTBAR

Grenzsteingrenzen, Kontrollorte, Barrieregrenzen und fortifizierte Grenzen unterscheidet. Jede Grenzlinie wird dabei von beiden Seiten erfasst, da sich Grenzbauten beidseits einer geteilten Grenzlinie nicht gleichen müssen. Im Folgenden stellen wir die einzelnen Grenztypen kurz vor, bevor wir die Hauptergebnisse unserer Forschung präsentieren.

An Niemandslandgrenzen befindet sich häufig nur eine rudimentäre Infrastruktur. Dieser Grenztypus zeichnet Grenzen aus, die für Staatsbeamt*innen schwer zu erreichen sind, da sie in abgelegenen Regionen verlaufen. Die Grenze bleibt sich gewissermaßen selbst überlassen, was die Entwicklung reger informeller Ökonomien jedoch nicht ausschließt.

Als Grenzsteingrenzen bezeichnen wir einen weiteren Grenztypus, der nur durch geringe staatliche Kontrollarchitektur gekennzeichnet ist. Hierunter fallen Grenzen, die durch bi- oder multilaterale Verträge abgebaut wurden. Der bekannteste Raum, der sich durch eine derartige Freizügigkeit auszeichnet, ist durch das Inkrafttreten des Schengener Abkommens in Europa entstanden.

FILTER VS. BLOCKADEGRENZEN

Kontrollortgrenzen sind durch Grenzposten gekennzeichnet, die an spezifischen Grenzübergängen installiert werden. Hier münden grenzüberschreitende Straßen in einen Grenzposten, in welchem Dokumente geprüft werden und Zoll erhoben wird.

Staaten, die sicherstellen wollen, dass derartige Kontrollen nicht unterlaufen werden, verwenden Barrieren, um Grenzverkehr auf reguläre Grenzübergänge hinzulenken. Physische Hindernisse wie Zäune und Gräben, die solche Barrieregrenzen auszeichnen, erstrecken sich jedoch nicht entlang des gesamten Grenzverlaufs, sondern an neuralgischen Grenzübergängen.

Schließlich sind da noch fortifizierte Grenzen, an denen Staaten Zäune oder Mauern entlang der gesamten Grenzlinie errichtet haben, um unkontrollierte Grenzübertritte zu erschweren. Im Gegensatz zu Barrieregrenzen, die sich dadurch auszeichnen, dass Hindernisse an spezifischen Punkten installiert werden, versuchen Staaten mit fortifizierten Grenzen die Grenzlinie weitestgehend zu bewehren.

Unsere Analysen zeigen, dass Grenzkontrollen in mehr als der Hälfte aller Fälle über Kontrollorte erfolgen. Harte Grenzen, worunter wir

Barrieregrenzen und fortifizierte Grenzen zusammenfassen können, kennzeichnen zusammen ein Fünftel aller Grenzen. Grenzsteingrenzen, an denen Grenzposten durch Verträge abgebaut wurden, finden sich bisher nur in Europa. In globaler Perspektive machen Grenzsteingrenzen nur 12 Prozent der Fälle aus. Niemandslandgrenzen sind der seltenste Grenztypus.

Die globale Verteilung verdeckt allerdings eine beträchtliche regionale Variation. So ist ein Großteil der harten Grenzen in Asien und Europa zu finden. In Asien sind 41 Prozent der Grenzen als Barrieregrenzen oder fortifizierte Grenzen zu bezeichnen, während derartige Grenzbauten in Europa 17 Prozent der Grenzen betreffen. Hier wurden viele dieser Bauwerke während der Migrations- und Flüchtlingskrise in den Jahren 2015–2016 errichtet. Diese ausgehärteten Grenzen lassen sich somit als Teil des europäischen Grenzregimes verstehen, welches offene Grenzsteingrenzen mit harten Außengrenzen kombiniert. Kontrollortgrenzen sind auf allen Kontinenten der häufigste Grenztypus. Niemandslandgrenzen schließlich finden sich entlang der Sahelzone, in Zentralafrika und zwischen Süd- und Mittelamerika.

Weitergehende Analysen zeigen, dass es vor allem ökonomische Faktoren sind, die die Entscheidung zwischen den einzelnen Grenztypen beeinflussen. Dabei lassen sich fortifizierte Grenzen als Diskontinuitätslinien beschreiben, die wohlhabendere Staaten einsetzen, um grenzüberschreitende Mobilität aus ärmeren Nachbarstaaten zu kontrollieren. Zwischen Staaten, die sich hinsichtlich ihrer Wirtschaftsleistung ähneln, entstehen hingegen eher offenere Grenzen. Bei wohlhabenden Staaten in Europa sind dies Grenzsteingrenzen, zwischen weniger reichen Staaten hingegen Kontrollortgrenzen.

Während unsere quantitativen Ergebnisse einen vergleichenden Blick auf unterschiedliche Formen der Grenzkontrolle weltweit ermöglichen, können wir durch die qualitativen Fallstudien einzelne Grenzen näher betrachten. Dieses Vorgehen kann die oben genannten Faktoren genauer illustrieren, aber auch abweichende Fälle aufzeigen.

Die US-mexikanische Grenze ist ein typischer Fall einer Diskontinuitätslinie, an der die Grenzbefestigung einseitig vonseiten der USA errichtet wurde, um Mobilität über die Grenze zu kontrollieren und zu filtern. Trotz Grenzzäunen fließen Warenströme in enormem Ausmaß über die Grenze.

Während jedoch US-Bürger*innen visumsfrei nach Mexiko einreisen können, werden Mexikaner*innen, die ein Visum benötigen,

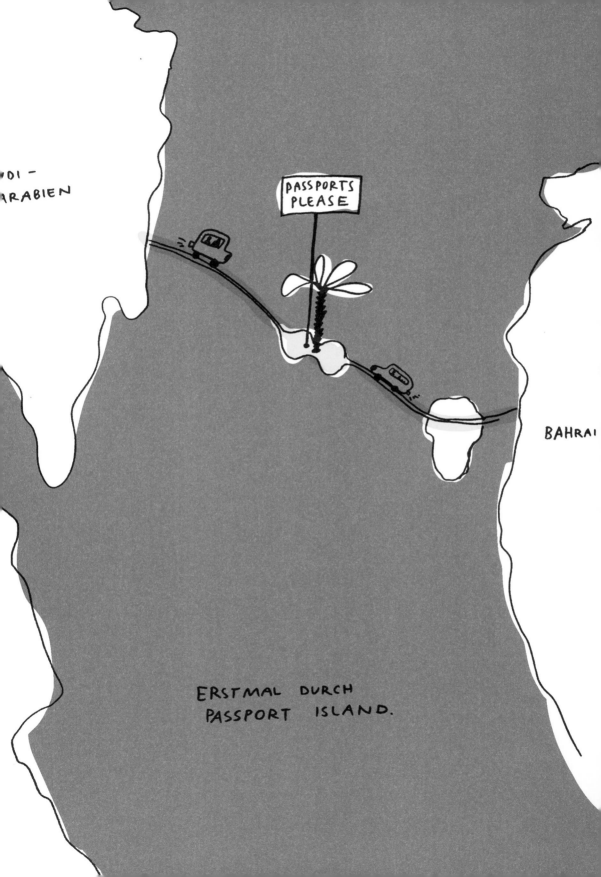

SPEZIAL EINHEIT
- BORDER HUNTER
(HUNGARY)

6-MONATE AUSBILDUNG GENOSSEN.

ebenso wie irreguläre Migrant*innen an der Grenze aufgehalten. Hier zeigt sich eindrucksvoll die Filterfunktion moderner Grenzfortifizierungen, die meist erwünschte von unerwünschter Mobilität trennen sollen.

Die algerisch-marokkanische Grenze ist ebenfalls stark befestigt, zeigt jedoch ein ganz anderes Bild: Die Landgrenze ist hier vollständig geschlossen, es gibt keine Grenzübergänge und niemand kann (legal) auf dem Landweg in das Nachbarland einreisen. Hier hat die Grenze keine Filterfunktion, sondern blockiert jede Form der Mobilität. Das Wohlstands- und Machtgefälle ist weniger eindeutig als im Fall der US-mexikanischen Grenze und die Fortifizierung wurde von beiden Seiten vorangetrieben. Hier lässt sich die Grenzbefestigung weniger auf ökonomische Faktoren zurückführen, sondern hauptsächlich auf politische und territoriale Konfliktlinien und Rivalitäten, deren Ursprünge in der Kolonialzeit liegen. Die geschlossene Grenze

BORDER
ANXIETY

(ANGST, DASS
EINER REINKOMMT.)

hat negative ökonomische sowie politische Folgen für beide Staaten, die diese Nachteile jedoch aufgrund ihrer Konflikte in Kauf nehmen.

Solche Fälle von vollständig geschlossenen Blockadegrenzen sind heute seltener als die zuvor genannten Filtergrenzen. Das Beispiel zeigt jedoch, dass fortifizierte Grenzen trotz ähnlicher Infrastruktur ganz verschiedene Funktionen ausüben können. Dies hat wiederum unterschiedliche Auswirkungen auf Personenmobilität. Während die US-mexikanische Grenze einzelne Gruppen privilegiert und andere aufhält, blockiert die algerisch-marokkanische Grenze nicht nur Migrant*innen, sondern auch die Grenzbevölkerung auf beiden Seiten des Zauns. Dies illustriert, dass Grenzzäune Orte sind, an denen Auseinandersetzungen um Macht und Kontrolle stattfinden – sowohl zwischen den benachbarten Ländern als auch zwischen staatlichen Akteur*innen und den Menschen, die diese Grenzen überqueren wollen.

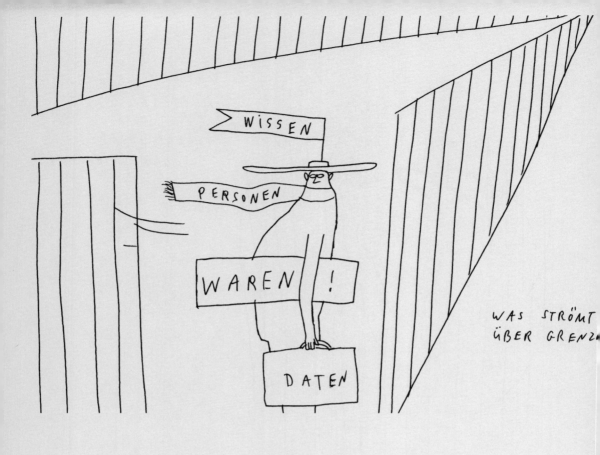

Zusammenfassend zeigt unsere Forschung, dass auch in Zeiten der Globalisierung Staatsgrenzen und deren Kontrolle eine wichtige Rolle spielen. Waren-, Handels- und Informationsströme verbinden heute Länder und Kontinente in einer ungekannten Geschwindigkeit. Gleichzeitig halten Staaten an Grenzkontrollen fest, um insbesondere Personenmobilität aufzuhalten und zu filtern. Ökonomische Faktoren sind der wichtigste Grund für neue Grenzbefestigungen, die wiederum großen Einfluss auf die Bewegungsfreiheit von Menschen haben. Hierbei bilden sich durch Fortifizierung, Digitalisierung und politische Aushandlungsprozesse immer neue Formen der territorialen Kontrolle heraus. Diese sich verändernden Formen der Grenzkontrolle zu beobachten und zu verstehen, ist von enormer wissenschaftlicher sowie gesellschaftspolitischer Relevanz. ✳

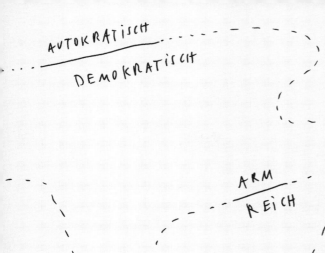

AUTOKRATISCH

DEMOKRATISCH

ARM

REICH

DISKONTINUITÄTSLINIEN.

GRENZEN SIND
SCHLEUSEN, DIE VON
INNEN BEDIENT WERDEN.

(HABERMAS)

10

Raumschiff Kontrollzentrale: Sie sind mitten unter uns

David Joshua Schröder, Arne Janz

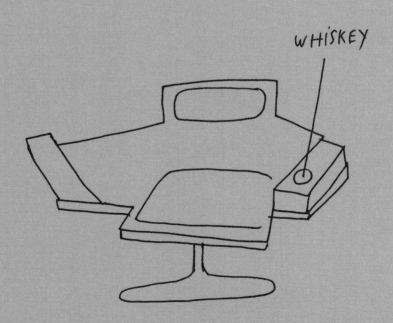

WHISKEY

HOFFENTLICH HEUTE NICHT SO HARTE FÄLLE...

Wir forschen zum historischen Wandel von Kontrollzentralen. Das sind Orte, die einzig für die Überwachung und Steuerung eines Raums gebaut sind. Bei diesem Raum kann es sich um das Verkehrsnetz einer Stadt, die Kanalisation oder die Verteilung von Einsatzwagen handeln. Kontrollräume bleiben meist unsichtbar, und wenn sie auftauchen, dann vielleicht als Machtzentrale des Bösen in einem James-Bond-Film, als *Situation Room* des Weißen Hauses oder als Kulisse der Abendnachrichten in Form einer Börse. Tatsächlich durchziehen sie aber unseren Alltag: Ob wir telefonieren, den Notruf wählen oder mit der U-Bahn fahren – immer werden unsere Daten an einem Ort zentralisiert und gesteuert. Für uns sind diese Orte, die

ick merk' hier keene macht...

oft auch Leitstellen genannt werden, spannend, weil sie ein Parade-beispiel für mediatisierte Raumkontrolle sind: Sie sind allein dafür gebaut, mithilfe neuester Technik machtvoll in einen Raum einzu-greifen. Diese Macht sollte jedoch nicht mit politischer Macht ver-wechselt werden. Für einen Mitarbeiter einer Berliner Leitstelle, des-sen Tätigkeit von einem Haufen Protokolle bestimmt wird, ist klar: »Ick merk' hier keene Macht.«

Gleich zu Beginn der Forschung war eine der größten Über-raschungen, dass eine Kontrollzentrale immer nur im Doppelpack existiert, denn sie ist fest verbunden mit einem meist angrenzenden Krisenraum, in dem sich ein großer runder Tisch befindet. Während die Kontrollzentrale für den Routinebetrieb zuständig ist, springt der Krisenraum ein, sobald die Routine nicht mehr aufrechterhalten werden kann. In einer Einsatzleitzentrale der Polizei konnten wir anhand solcher räumlichen Auftrennungen sogar vier Eskalations-stufen identifizieren. Die Zweiteilung in Routine und Krise ist auch eine Besonderheit der Arbeit in Kontrollzentralen, denn die meis-tens ausgelassene Stimmung kann bei einem krisenhaften Ereignis innerhalb von Sekunden kippen und in bitteren Ernst umschlagen.

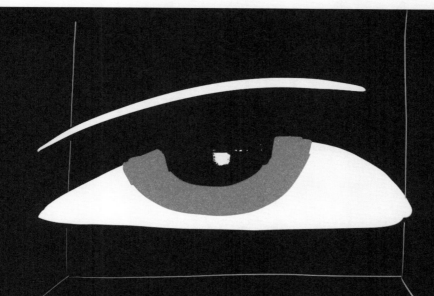

ROUTINENRAUM

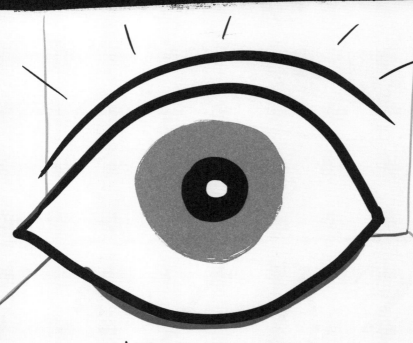

KRISENRAUM

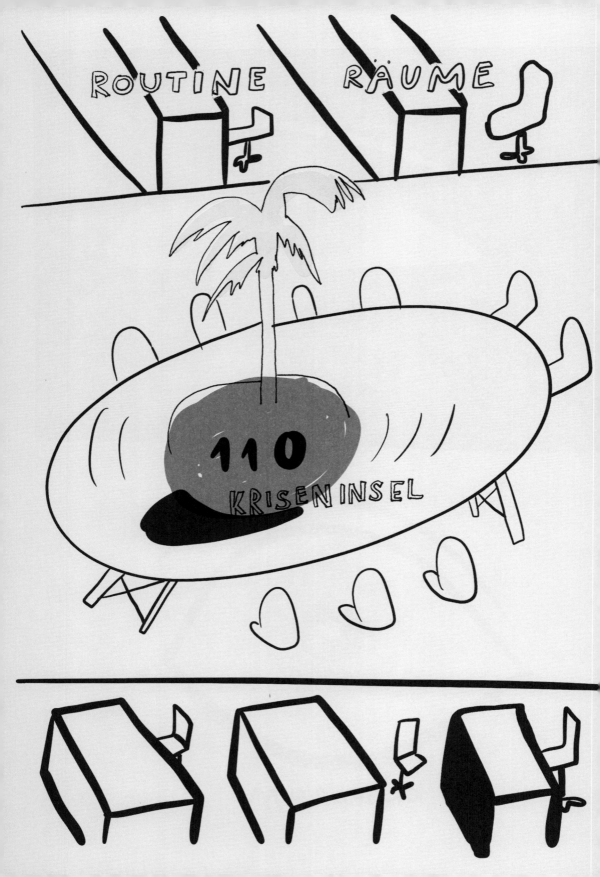

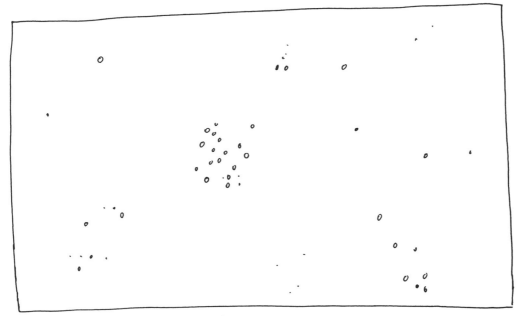

TECHNISCHER WANDEL (RIESENLEINWAND)

is FÜR MEINEN ARBEITSABLAUF NICHT RELEVANT.

Die Frage unseres Forschungsprojekts war, wie sich die Arbeit an diesen Orten verändert hat, gerade im Hinblick auf die Digitalisierung. Eine global sichtbare Entwicklung ist die Integration der bisher oft verstreuten Kontrollräume einer Stadt in *operation center*, meist im Rahmen von Smart-City-Initiativen. Diese an Großraumbüros erinnernden *operation center* werden metaphorisch als Gehirne der Stadt bezeichnet. Sie wecken die Vorstellung einer technischen Verschaltung, welche die Geschicke der Stadt automatisch beobachtet und kontrolliert, um die Stadt zu einem sicheren, ökologisch und ökonomisch optimierten Raum zu synthetisieren. Solches Marketing steht jedoch im Kontrast zu den räumlichen Veränderungen, die mit der Integration einhergehen, denn zumeist kommt es nicht zu einer Fusion, sondern zu einer Nebeneinanderlegung der bisherigen Arbeitsbereiche: Die ehemals getrennten Kontrollzentralen arbeiten nach wie vor für sich, haben jedoch durch ihre Nebeneinanderschaltung in einer Halle oder einem Gebäudekomplex die Möglichkeit, schneller in direkten Face-to-Face-Kontakt zu den anderen zu

INTERAKTIONEN

treten. Oft werden auch riesige Leinwände eingebaut, auf denen die Stadt entlang verschiedener räumlicher Ebenen aufgefächert wird: So sieht man etwa die Verteilung von Überwachungskameras, den Verkehrsfluss, das Wettergeschehen oder die Sensoren, die den Füllstand von Mülleimern anzeigen. Solche riesigen Leinwände haben (unter anderem) auch eine stark repräsentative Funktion: Als wir beim Besuch einer deutschen Verkehrsregelungszentrale danach fragen, ob der Defekt der dortigen großen Leinwand die Arbeit in

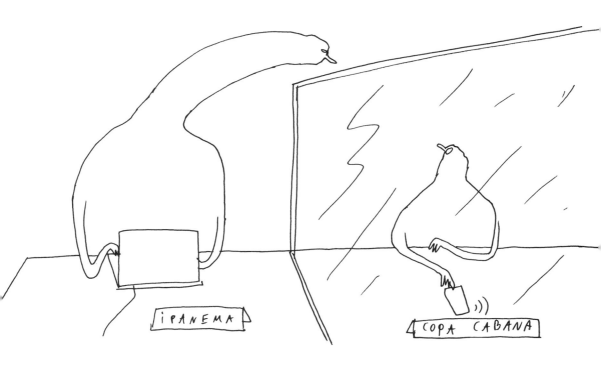

Mitleidenschaft zieht, ist die schlichte Antwort: Nein. Um sich zu koordinieren, laufen die Mitarbeitenden mal von einem Tisch zum anderen, ziehen Bildschirmfenster hin und her, halten Meetings ab oder benutzen gemeinsame Eingabemasken und Kommunikationsplattformen. Wer dabei an Whatsapp denkt, liegt gar nicht so falsch: In einem bekannten *Smart-City-operation-center* außerhalb Europas wird die App von Mitarbeitenden genutzt, um sich gegenseitig zu informieren.

Die Kommunikation an solchen Orten hat sich seit der Nachkriegszeit deutlich verändert. Eine Veränderung, die wir im Feld der Kontrollzentralen finden, nennen wir *Ent-Interaktivierung*. Sie lässt sich eindrücklich am historischen Wandel einer deutschen Einsatzleitzentrale der Polizei veranschaulichen. Haben vor der Digitalisierung noch drei Personen daran gearbeitet, einen eingehenden Notruf zu bearbeiten, wobei eine Person telefoniert, eine weitere protokolliert und eine dritte die Funkwagen und Polizist*innen im Außenraum an den Einsatzort disponiert hat, können diese Tätigkeiten mittlerweile

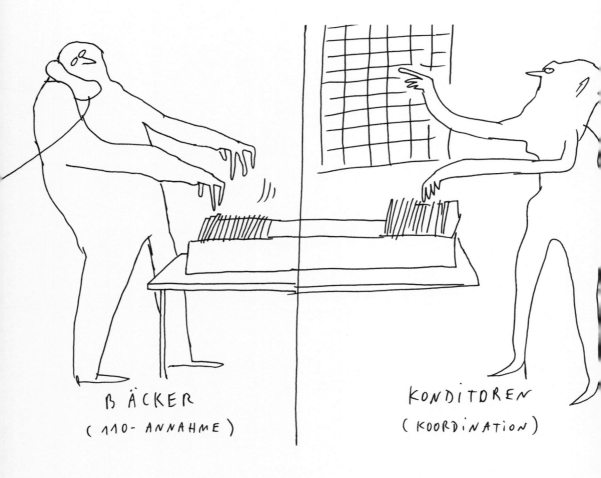

B ÄCKER
(110- ANNAHME)

KONDITOREN
(KOORDINATION)

von nur einer Person erledigt werden. Wesentlich ist, dass kontinuierliche arbeitsteilige Interaktion von einer »vereinzelten« Arbeit abgelöst wird. Die *Ent-Interaktivierung* beschreibt also einen Trend, mit dem ehemals kooperative Tätigkeiten zwar arbeitsteilig organisiert sein können (etwa bei der Aufteilung von Notrufannahme und Disposition), es aber keine beständige Interaktion zwischen zwei Mitarbeitenden braucht. Gleichzeitig können Interaktionen zwischen Mitarbeitenden vermehrt den Charakter eines »freieren« Austausches annehmen. So werden den Mitarbeitenden einer deutschen Einsatzleitzentrale der Polizei neuerdings Assistierende zur Seite gestellt, die spontan alle möglichen Aufgaben übernehmen können, die nebenbei anfallen und nicht zum Kern der Arbeit gehören. Dieser Wandel der Kommunikation zeigt sich auch mit Blick auf aktuelle Umgestaltungen von Arbeitsplatzformationen: Immer verbreiteter

MEDIATESIERTE SYNTHESE

SIE SYNTHETISIERT RAUMWISSEN.

sind nebeneinanderliegende Einzelarbeitsplätze mit halbrund geschwungenen Bildschirmen – die Arbeit wird zuvorderst allein erledigt, aber die Möglichkeit zum Austausch bleibt erhalten.

All diese Zentren verbindet, dass es meist Menschen sind, die vor Bildschirmen sitzen und die unterschiedlich aufbereiteten Informationen – in Form von blinkenden LEDs, Bildern von Überwachungskameras oder sonstigen Repräsentationen des Außenraumes – zu einem Lagebild synthetisieren und wirkend in dieses eingreifen. Diese menschliche Syntheseleistung, die immer mit Räumen zu tun hat, scheint mit zunehmender *Ent-Interaktivierung* in die technischen Prozesse eingeschrieben zu werden. Dies hat zur Folge, dass die Überwachung städtischer Infrastruktur zunehmend automatisiert vonstatten geht, etwa mithilfe von Algorithmen.

DIE ARBEIT IM KONTROLLZENTRUM IST BELASTEND.

(DARAUS RESULTIERT FACHKRÄFTEMANGEL)

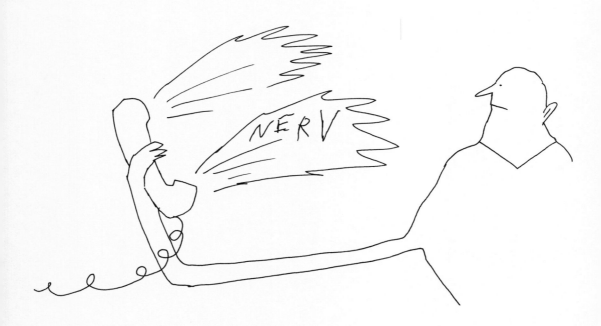

In einer südkoreanischen smarten Verkehrsregelungszentrale wurde die *Ent-Interaktivierung* auf die Spitze getrieben, indem sämtliche ehemals arbeitsteilig organisierten Kontrolltätigkeiten automatisiert wurden. Hier gleicht ein Arbeitsplatz dem anderen, alle Tätigkeiten können an jedem Arbeitsplatz durchgeführt werden, und die räumliche Aufteilung des Zentrums in Bereiche mit bestimmten Aufgaben wurde aufgelöst. Die Aufgabe der Angestellten in diesem Zentrum besteht im Wesentlichen im Monitoring der automatisierten Kontrollaktivitäten. Diese Entwicklung hat unter anderem zur Folge, dass die Arbeit in Kontrollzentralen häufig sehr monoton und wenig ansprechend für junge Menschen ist. Der im Feld der Kontrollräume herrschende Fachkräftemangel kommt jedoch auch durch teils hohe psychische Belastungen zustande, wie der Chef einer Notrufannahme einer Einsatzleitzentrale zu berichten weiß. Um Kontrollräume also auch für den Nachwuchs interessant zu machen, werden moderne Kontrollzentralen häufig dem Design von Raumschiffen beziehungsweise deren Brücke nachempfunden – Zitat: »Dein Job auf der Enterprise«. ✳

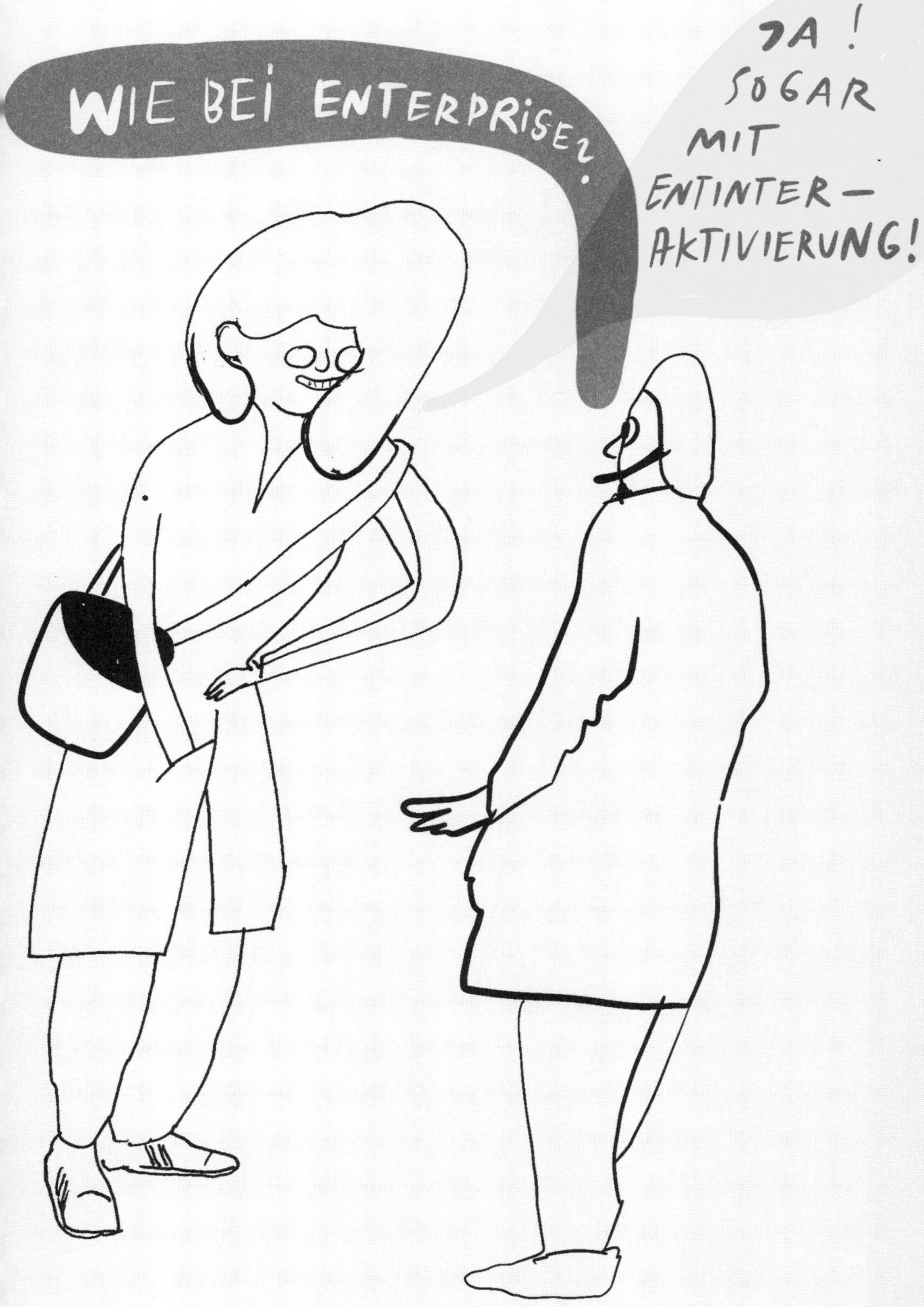
WIE BEI ENTERPRISE?
JA! SOGAR MIT ENTINTER-AKTIVIERUNG!

11

New Songdo City

Timothy Pape

I AM A RESEARCHER OF URBAN CULTURE

BUILT FROM SCRATCH.

Stellen Sie sich eine Stadtgesellschaft vor, die Aldous Huxley lieben würde zu hassen, da sie seine dystopische Vorahnung einer durchgeplanten und geregelten *Schönen Neuen Welt* zu verwirklichen scheint. Veranschaulichen Sie sich diese als eine gebaute Stadt, die Le Corbusier hassen würde zu lieben, da sie gleichsam seine Vorstellung von funktionaler Trennung und vertikalem Wohnen kopiert, ohne ihn jedoch in irgendeiner Weise dafür zu würdigen. Vervollständigen Sie nun beide Visionen mit jenem alltäglichen Kampf um konsumfreundliche Verpackungen aus George Orwells totalitärer Gedankenkontrolle durch eine hoch technisierte, alles sehende,

SMART CITIES — GLOBAL PHENOMENON

alles wissende Überwachungsstadt: zugleich offen und kontrolliert, außergewöhnlich und alltäglich, grün und künstlich, dekoriert im Zentrum und seelenlos an den Rändern, und dreisterweise einige ihrer Vorzeigeorte »First World« nennend. Hypnotisiert von der digitalen Lösung entfaltet sich diese neuartige urbane Realität auf einer künstlichen Insel aus Wolkenkratzern mit einem Central Park in der Mitte; und bleibt am Ende doch eher ein prototypisches Trugbild Manhattans als eine vollwertige Alternative. Es gibt sie tatsächlich: New Songdo City ist eine Satellitenstadt auf einer neu geschaffenen Erweiterung des Festlandes im Großraum Seoul, mit hochmodernen Schulen, Krankenhäusern, Wohnungen, Kultureinrichtungen und Universitäten.

Überall auf der Welt werden heute reale Stadtlandschaften durch eine Vielzahl digitaler Möglichkeiten erweitert. Hierbei entstehen auch gänzlich neue, sogenannte Smart Cities, deren physische und soziale Räume die Grenze zwischen Virtuellem und Realem tagtäglich infrage stellen. New Songdo City ist ein solches Beispiel und

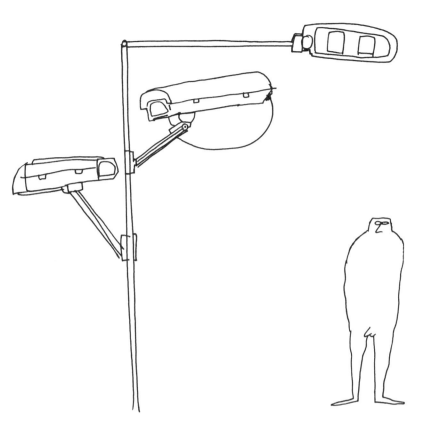

unser Untersuchungsgebiet. Wir sprechen hier von tief greifenden Veränderungen der urbanen Räume und der mit ihnen verknüpften Alltagshandlungen. In unseren soziologischen und städtebaulichen Studien befassen wir uns mit dieser Refiguration von Räumen sowie mit den damit verbundenen Formen spezifischer Raumqualitäten und Prozessen alltäglicher Raumproduktion in digitalisierten Lebensräumen.

New Songdo City erhält international große Beachtung als eine der ersten von Grund auf neu gebauten Smart Cities unter leitender Mitwirkung multinationaler Konzerne. Jedoch hat sich die praktische Bedeutung von Digitalität schon im Zuge der relativ kurzen Entstehungsphase der Stadt seit 2002 radikal verändert. Insbesondere der Siegeszug des Smartphones und die Affinität der südkoreanischen Gesellschaft für digitale Technologien haben diesen Prozess noch einmal beschleunigt. Heute hat New Songdo City ihren Ausnahmecharakter im südkoreanischen Kontext weitgehend verloren (Shin 2016). Vielmehr finden wir hier eine Form alltäglicher

WE DEVELOPPED A CERTAIN LANGUAGE OF LOOKING AT THIS UTOPIA/DISTOPIA.

Raumproduktion vor, die die über Jahrzehnte gewachsenen Muster der südkoreanischen Stadt- und Gesellschaftsentwicklung reproduziert und weiterentwickelt. In Songdo machen international implementierte Digitalisierungsstrategien dieses urbane Produkt lediglich marktfähiger, indem etablierte Konstruktionen von Familie, sozialem Aufstieg und Konventionen des Zusammenlebens neu artikuliert werden (Bartmanski et al. 2021).

Dies betrifft vor allem die grundlegende Neuorientierung im Wohnungsbau in Südkorea seit den späten 1960er-Jahren. Die einseitige räumliche Ausrichtung auf den Apartmentbau (*apatu*) ist hier in einen tief greifenden Wandel der Gesellschaft eingebettet. Dieses sozial-räumliche Phänomen, das von Valérie Gelézeau (2007) auch als »Republic of Apartments« bezeichnet wird, manifestiert sich nicht nur auf materieller Ebene durch die typische Form der städtischen Großwohnsiedlungen, sondern auch insofern auch gesellschaftlich, als so Verhalten und Werte einer neuen urbanen Mittelschicht geprägt werden. Hier artikulieren sich Spannungen zwischen

SMART CITY ?

I CAN RELY ON CLEAN

SAFETY, SECURITY, COMFORT.
AND MOST OF ALL
GOOD EDUCATION FOR
MY CHILDREN.

COLLAGE OF ALREADY EXISTING PLACES

individualistischen und kollektivistischen Tendenzen im täglichen Leben, zwischen traditionellen Familienstrukturen und neuen Gender-Regimes, oder zwischen physisch geschlossenen Territorialräumen und latent wahrgenommenen Netzwerkstrukturen. Die Smart City Songdo ist ein gutes Beispiel für diese zeitgenössische Refiguration der Gesellschaft über Raumentwicklung.

Auf den ersten Blick wirkt Songdo wie ein südkoreanisches Abbild einer rational geplanten Stadt der klassischen Moderne: Ein orthogonales Straßenraster teilt den Stadtraum in klar getrennte Funktionszonen und Blöcke für Wohnen, Arbeiten und Freizeit.

»Songdo ist wie ein großes Schachbrett.«
   (Interview 11. Songdo, 20. September 2018)

»Als wäre es mit Messer und Lineal zugeschnitten worden ... Es ist so perfekt.«
   (Interview 7, Songdo, 05. Juni 2018)

Gleichzeitig fügt sich Songdo als eine Art Archipel von Wohn-turmclustern nahtlos in die homogenisierte Apartmentlandschaft der Metropolregion Seoul ein. Im Vergleich zu Seouls modernen Großwohnsiedlungen aus der zweiten Hälfte des 20. Jahrhunderts fällt jedoch die greifbare Übersichtlichkeit des Stadtbildes auf. Während im zentral gelegenen Gangnam komplexe und unübersichtliche Megablöcke von autobahnähnlichen Stadtschluchten getrennt werden, sind die Blöcke in Songdo offensichtlicher funktional gegliedert und auch in wenigen Minuten zu Fuß erfahrbar. Die Bewohner*innen bewerten diese Klarheit des städtischen Kontextes generell positiv, belegen sie mit Adjektiven wie »sicher«, »sauber« oder »bequem«.

»Der größte Vorteil Songdos ist Sicherheit. Die Stadt ist nur durch fünf Brücken verbunden. Selbst wenn sich ein Verbrechen ereignet, kann der Verbrecher Songdo nicht verlassen, wenn die fünf Brücken gesperrt sind.«
(Interview 12, Songdo, 20. September 2018)

Eine dieser Brücken führt zum Incheon International Airport. So manifestiert sich Songdo – einer konventionellen Gated Community gleich – als räumliche und gesellschaftliche Enklave, aber mit direktem »Tor zur Welt«. Im Gegensatz dazu sind die Wohngemeinschaften auf der Insel vorwiegend zaunfreie Ansammlungen von Wohntürmen mit symbolischen Grenzziehungen und komplexen digitalen Überwachungssystemen. Doch so ungehindert der Zugang hier möglich ist, so schnell werden innerhalb der Wohnanlagen durch Chipkarten, Sensoren, Kameras oder Kontrollstellen neue, schwer überwindbare Grenzen etabliert.

»An der Einfahrt zum Parkplatz gibt es eine Art Sensor. Wenn dein Auto durch die Einfahrt kommt, wird in deiner Wohnung ein Alarm ausgelöst ... Manchmal habe ich das Gefühl, das ist praktisch, manchmal will man aber auch einfach nur parken und vielleicht etwas trinken gehen ... ohne dass andere Familienmitglieder das wissen.«
(Interview 13, Songdo, 09. Oktober 2018).

Die Grenzen selbstverständlicher Lebenswelten verwischen im Alltag – changieren zwischen Zugehörigkeit und Ausschluss, Überwacher*innen und Überwachten, öffentlich und privat.

LIVING IN SONGDO IS LIKE MOVING INTO A CASTLE.

»Privatsphäre? Ich habe nichts Schlimmes getan, also ist es okay –
solange ich sicher bin.«
   (Interview 21, Songdo, 02. November 2018)

Hier findet eine homogene obere Mittelklassegemeinschaft ihre
Ideale von Sicherheit und Bequemlichkeit in der beschaulichen Ab-
geschiedenheit einer international vernetzten Insel am Rande der
Massenurbanisierung Seouls umgesetzt. Diese Raumanordnung cha-
rakterisiert Songdo auch insofern, als hier gesellschaftlichen Spannungen politisch, ökonomisch, architektonisch und stadträumlich
zunächst mit eindeutigen Antworten begegnet wird. Der smarte
Apartmentbau orientiert sich hier an den Kleinfamilienstrukturen
der Mittelschicht und ignoriert jede Form von Diversität. Gegen
diese Monotonie der städtebaulichen Gestalt formiert sich seit den
1990er-Jahren Widerstand, welcher Nutzungsvielfalt, Denkmal-
pflege, Mitgestaltungsrechte und sanfte Erneuerung fordert. Zudem

wird in diesem Zusammenhang auch die dominante Familienorientierung in Südkorea kritisiert und eine Liberalisierung der Gesellschaft gefordert. In einer weiterführenden Analyse der Refiguration von Räumen im hochgradig digitalisierten Südkorea werden wir uns deshalb verstärkt mit soziokulturell konflikthaften Platzierungen auseinandersetzen. *

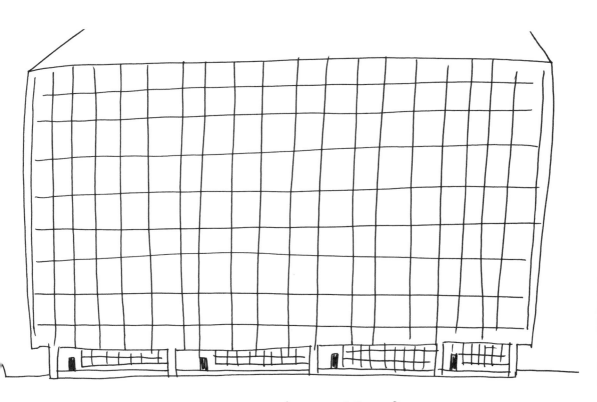

LONELY CROWD

Literatur:

Bartmanski, Dominik, et al.: »Die Refiguration von Räumen durch smarte Apartmentkomplexe – Über Praktiken der Verräumlichung der südkoreanischen Mittelschicht«, in: Löw, Martina, et al. (Hrsg.): Am Ende der Globalisierung. Über die Refiguration von Räumen. Bielefeld 2021, S. 205–230.

Gelézeau, Valérie: Apatu GongWha Gook. The Republic of Apartments. Seoul 2007.

Shin, Hyun: »Envisioned by the state: entrepreneurial urbanism and the making of Songdo city, South Korea«, in: Datta, Ayona / Shaban, Abdul (Hrsg.): Mega-Urbanization in the Global South: Fast Cities and New Urban Utopias of the Postcolonial State. Abingdon 2016, S. 83–100.

12

Digitales städtebauliches Planen

Gabriela Christmann, Sophie Mélix, Martin Schinagl

WIE ICH BEGINNE, EINE BAYERISCHE
BUSSCHLEIFE ZU PLANEN.

Auf unsere Frage, ob man auch gut eine Planung machen könne, wenn man nicht vor Ort sei, wenn man einen guten Datensatz habe und ab und zu auf Online-Kartendienste zurückgreife, antwortete uns ein Stadtplaner: »Auf der strategischen Ebene, klar. Natürlich muss ich auch manchmal mit Menschen reden, das ist Teil unseres Jobs.« In der Stadtplanung werden Orte heute vornehmlich aus der Distanz virtuell bereist, analysiert und die fragmentarischen Daten werden zu einem stimmigen Bild eines Raums zusammengefügt, um Grundlage von Planungen und Entwürfen zu werden. Die Art und Weise, wie Entwürfe für Stadträume digital konstruiert werden, ist heute also vernetzt und verteilt.

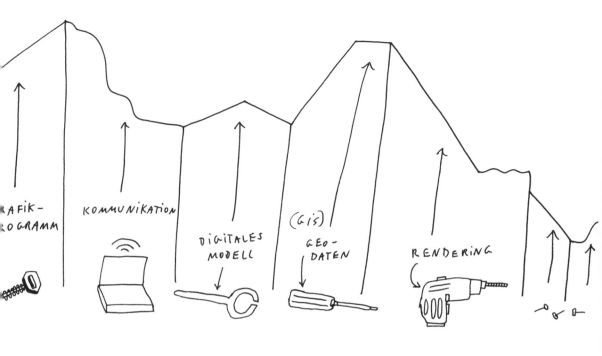

RAFIK-
ROGRAMM

KOMMUNIKATION

DIGITALES
MODELL

(GIS)
GEO-
DATEN

RENDERING

STADTPLANUNG , BASIEREND AUF DIGITALEN WERKZEUGEN.

Grundsätzlich formen Planer*innen Gestalt und Funktion von Städten, ihr Beruf ist die Konstruktion von Räumen. Wir haben untersucht, was in diesem Rahmen der zunehmende Einsatz digitaler Technologien in der Architektur und Stadtplanung weltweit bedeutet. Dazu bereisten wir exemplarisch vier Städte: New York City in den USA, Lagos in Nigeria sowie Frankfurt a. M. und Berlin in Deutschland. Wir sprachen mit Planer*innen, beobachteten sie bei ihrer Arbeit und untersuchten ihre Projekte, Pläne und digitalen Bilderwelten.

Das Verständnis, wie und mit welchen digitalen oder analogen Werkzeugen Planer*innen arbeiten, gewährt uns nicht nur einen Einblick in die Funktionsweisen zeitgenössischer digitaler Arbeitswelten, sondern erlaubt Rückschlüsse darauf, welche Art von Räumen diese Akteur*innen in digitalisierten Gesellschaften schaffen. Dabei verstehen wir Räume und Digitalisierung als ganz und gar menschengemachte Kategorien. Als solche nehmen sie aber dingliche und symbolische Gestalt an und wirken auf das menschliche Handeln zurück.

Im Projekt erforschten wir daher zum einen die konkreten Praktiken der Planer*innen in ihrem beruflichen Alltag und fragten, wie
sie arbeiten, das heißt, wie sie Räume analysieren, verstehen und
(neu) konstruieren, und welche Rolle digitale Werkzeuge dabei spielen. Zum anderen untersuchten wir am Beispiel von digitalen Bildern ihre Visionen *von* beziehungsweise Entwürfe *für* neue urbane
Räume. Hier ging es darum zu verstehen, wie die geplanten Räume
dargestellt und kommuniziert werden.

PLANEN ; VOR DER EIGENEN ERFAHRUNG ALS MENSCH.

Praktiken von Stadtplaner*innen

Was einst mit Ortsbegehungen, analogen Kartiermethoden, technischen Zeichnungen und in verschiedenen Austauschformaten vollzogen wurde, ist mittlerweile zu großen Teilen digitalisiert. Die Konsequenzen sind vielfältig und beschränken sich nicht nur darauf, dass die Aufgaben nun am Computer statt auf Papier bearbeitet werden. Denn über Geoinformationssysteme und Online-Kartendienste lassen sich jetzt sehr viel leichter und schneller Daten von zu beplanenden Stadträumen zusammentragen, als dies über eigene Begehungen der Planer*innen vor Ort möglich ist. Das bedeutet, dass sich Planer*innen zunehmend auf digitale Daten verlassen, wenn sie versuchen, sich Vorstellungen von einem Ort zu machen. Damit gehen jedoch so manche räumliche Aspekte (z. B. atmosphärische Wahrnehmungen) verloren und werden im Planungsprozess nicht mehr berücksichtigt.

Darüber hinaus erlauben digitale Informations- und Kommunikationstechnologien (einschließlich Servern, VPN-Tunneln etc.) völlig neue Formen der Zusammenarbeit. Es stellt keine Ausnahme dar, wenn die Mitglieder eines Planungsteams von verschiedenen Orten aus, translokal (manchmal sogar global verteilt), quasi wie in einem Büro agieren. Räumlich verteilt und kommunikativ verbunden, arbeiten sie gemeinsam an einem Projekt zu einem Plangebiet, an welchem aber nur noch ein kleiner Teil des Teams tatsächlich vor Ort räumliche Erfahrung gesammelt haben muss. So arbeiteten etwa im Rahmen unserer Beobachtungen in einem internationalen Planungsbüro unter anderem Planer*innen aus New York City, London und Shanghai über diese drei Standorte verteilt gemeinsam an einem Projekt in Südostasien.

Auch in anderen Bereichen der Stadtplanung wird vernetzt und verteilt gearbeitet, beispielsweise bei der Kommunikation von Planungsentwürfen an Stakeholder und Bürger*innen, die zunehmend über digitale Bilder geschieht. Oft werden diese Bilder durch international agierende Visualisierungsbüros erstellt. Grafikprogramme und computergestützte Design-Software lassen dort Stadtvisionen als »schöne neue Welten« entstehen. Sie haben nicht mehr den Charakter von Zeichnungen oder Modellen, sondern sehen wie Fotos oder 3D-Simulationen von bereits gebauten Stadtwelten aus, suggerieren, dass die Entwürfe schon umgesetzt worden sind, und entfalten eine große Wirkungskraft bei Betrachter*innen.

Digitale Visualisierungen von städtebaulichen Entwürfen

Zur Darstellung von Architektur- und Städtebauprojekten werden seit den 1990er-Jahren vermehrt digitale Visualisierungen genutzt, insbesondere sogenannte Renderings. Das sind digitale Bilder, die auf Grundlage von 3D-Modellen am Computer erstellt und aufwendig nachbearbeitet werden. Sie finden zunehmende Verbreitung in Broschüren, auf Websites und im Stadtraum.

Aufgrund ihrer großen Anzahl und häufigen Verwendung prägen digitale Visualisierungen die Vorstellungen von geplanten Räumen in

BANGKOK

BANGKOK

LONDON

WISMAR

NEW YORK

FRANKFURT

BANGKOK

SHANGHAI

KOPENHAGEN

INTERNATIONAL AGIERENDES PLANUNGSBÜRO.

PROJEKT BANGKOK

HAUPTSACHE INTERNET.

DEINE BILDER SIND
VERLOGEN.
SIMULIER MIR DEN
VERFALL.
DAS ECHTE LEBEN.
BITTE.

der Öffentlichkeit maßgeblich mit, und zwar noch bevor die eigentliche Planungsphase abgeschlossen ist. Sie wirken sogar noch nach der tatsächlichen Realisierung von Stadtentwicklungsprojekten, die im Vergleich zur Darstellung in Renderings durchaus anders aussehen können. Renderings scheinen wirklicher als die Wirklichkeit zu sein. Unsere Daten zeigen: Viel spricht für die These, dass Renderings eine zentrale Rolle bei der Legitimation von Stadtentwicklungsprojekten spielen.

Digitale Bilder können eine besondere Wirkung in Planungsprozessen haben, weil sie sehr atmosphärisch sind. Atmosphäre entsteht zum Beispiel durch fotorealistische Ästhetik oder den gezielten Einsatz von Licht- und Farbstimmungen und das Einfügen von fröhlichen Menschen. Bei Stakeholdern kann damit eine positive Grundstimmung gegenüber den geplanten Projekten erzeugt werden. Weltweit ist zudem eine gewisse Homogenisierung zu beobachten. Viele Renderings ähneln sich stark in Bezug auf den Bildaufbau, die dargestellte Architektur, abgebildete Personen usw. Sie konstruieren symbolische Werte, die möglichst viele Betrachter*innen ansprechen sollen. Typischerweise kommen in diesen »schönen neuen Welten« der Renderings jedoch viele lokale Realitäten, Konflikte oder Widersprüche nicht vor. Sie bleiben unsichtbar.

Bilder in der von uns erstellten Bilddatenbank zu den großmaßstäblichen Entwicklungsprojekten »Hudson Yards« in New York City und »Eko Atlantic« in Lagos zeigen außerdem ein weiteres Charakteristikum von Renderings: Sie lassen bauliche Visionen der Vergangenheit und der Zukunft mühelos verschmelzen und verbinden lokale wie translokale Elemente miteinander. Die urbanen Zukunftsvorstellungen, die über Renderings kommuniziert werden, müssen daher als digitale raum-zeitliche Hybridisierungen aufgefasst werden. Indem in Renderings auf diese Weise Entwürfe für Stadträume an die Öffentlichkeit kommuniziert werden (z. B. für die New Yorker Skyline), wird zugleich eine visuelle – und potenziell bauliche – Refiguration des Stadtraums konstruiert. ✳

13

Lokative Medien und die Wahrnehmung hybrider Räume

Eric Lettkemann

GROBSTÄDTISCHE BLASIERTHEIT

WIE VERÄNDERT SICH DIE WAHRNEHMUNG VON ORTEN?

Innerhalb weniger Jahre haben unzählige Smartphoneapps Einzug in den Alltag gehalten. Sie unterstützen Menschen bei Aufgaben der persönlichen Lebensführung, die von Aktiengeschäften bis hin zum Zyklusmonitoring reichen. Im Zuge dieser Entwicklung werden der physische und der digitale Raum zunehmend in cyber-physischen Systemen miteinander verkoppelt. Im Alltag vieler Menschen sind diese cyber-physischen Kopplungen in Zusammenhang mit Apps beobachtbar, die als lokative Medien bezeichnet werden.

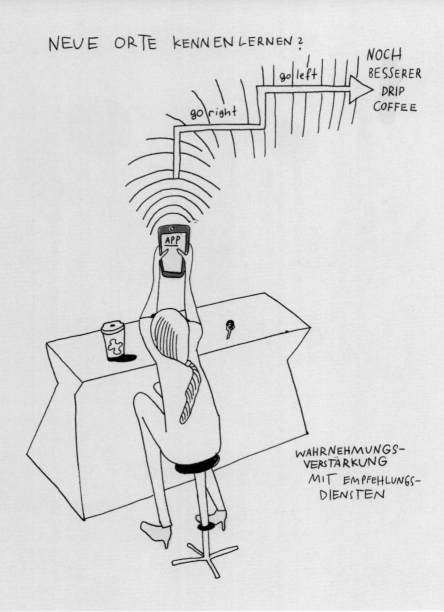

NEUE ORTE KENNENLERNEN?

go right
go left
NOCH BESSERER DRIP COFFEE

APP

WAHRNEHMUNGS-
VERSTÄRKUNG
MIT EMPFEHLUNGS-
DIENSTEN

Darunter fallen Apps, die auf die Standortfunktionen (z. B. GPS) von Smartphones zugreifen, um ihren Nutzer*innen digitale Inhalte anzuzeigen, die auf ihren aktuellen Standort im physischen Raum zugeschnitten sind. Gängige Beispiele sind Navigationsdienste, die ihre Nutzer*innen mittels digitaler Karten in Echtzeit durch unbekannte Straßen lotsen, oder auch mobile Dating-Apps, die als »soziales Radar« fungieren, das im Umkreis befindliche Flirtpartner*innen anzeigt.

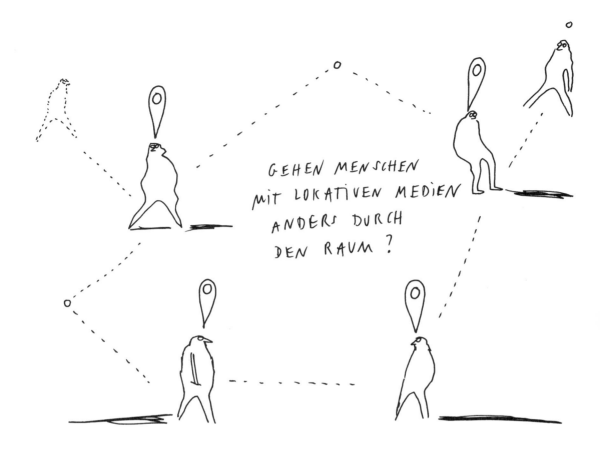

Mithilfe lokativer Medien entstehen in der Wahrnehmung hybride Räume, die vermittelt über den Bildschirm des Smartphones den physischen Raum mit digitalen Informationen überlagern. Dieses Phänomen hybridisierter Raumwahrnehmung, das die Medienforscherin Adriana de Souza e Silva zuerst beschrieben hat, wirft zahlreiche Fragen für die sozialwissenschaftliche Raumforschung auf: Entstehen mit der Hybridisierung des Raums beispielsweise neue Formen der Wahrnehmung öffentlicher Orte? Und werden damit eingespielte Nutzungsweisen öffentlicher Orte verändert oder – im Gegenteil – weiter verstärkt?

Unser Forschungsprojekt hat sich mit diesen Fragen am Beispiel der wahrgenommenen Zugänglichkeit öffentlicher Orte auseinandergesetzt. Wir erforschen, ob die Informationen, die lokative Medien anzeigen, ihre Nutzer*innen ermutigen, mehr und andere Orte aufzusuchen als zuvor und ob sie dabei häufiger mit Stadtbewohner*innen in Kontakt kommen, die anderen Szenen angehören als sie selbst. Szenen bezeichnen urbane Lebensformen wie jene der Punks,

Veganer*innen oder Klassikfans, die jeweils durch gemeinsame Vorlieben und Geschmäcker zusammengehalten werden. Obwohl die Treffpunkte verschiedener Szenen zumeist dicht nebeneinander im öffentlichen Raum verortet sind, kommt es selten zu wechselseitigen Kontakten. Denn sofern Großstadtmenschen keine gemeinsamen Interessen oder Vorlieben verbinden, begegnen sie sich in der Regel mit einer Geisteshaltung, die der Soziologe Georg Simmel einst als »Blasiertheit« beschrieben hat. Das heißt: Stadtbewohner*innen blenden fremde Orte und Menschen weitgehend aus, sie eilen gleichgültig aneinander vorbei. Noch ist wenig erforscht, ob lokative Medien die Wahrnehmungsschranken großstädtischer Blasiertheit weiter verstärken oder neue Zugänge zu Orten und Menschen schaffen, indem sie die Raumwahrnehmung ihrer Nutzer*innen erweitern.

Um Antworten auf unsere Fragen zu erhalten, haben wir Nutzer*innen lokativer Medien zu ihren alltäglichen Bewegungen und Aufenthaltsorten im öffentlichen Raum interviewt. Im Fokus unserer Interviewstudie standen einerseits mobile Empfehlungsdienste,

wie *Foursquare City Guide* oder die in Japan beliebte App *Tabelog*, und andererseits mobile Spiele wie *Ingress*, ein Vorgänger des in der Breite bekannteren *Pokémon Go*. Während mobile Spiele den physisch wahrnehmbaren Raum um virtuelle Geschöpfe und Gegenstände erweitern, helfen Empfehlungsdienste bei der Suche nach Restaurants, Geschäften oder anderen Orten. Neben digitalen Karten und Listen, die auf nahegelegene Orte verweisen, zeigen sie verschiedene Informationen wie Kommentare oder Fotos an, die andere Nutzer*innen an einem Ort hinterlassen haben.

Wir rekrutierten unsere Interviewpartner*innen, indem wir Annoncen in verschiedenen sozialen Medien schalteten. Zusätzlich zu langjährigen Intensivnutzer*innen, die üblicherweise im Fokus ähnlicher Studien stehen, haben wir auch weniger erfahrene Gelegenheitsnutzer*innen interviewt, die sich zwar an den Apps interessiert zeigten, jedoch nicht zum Kreis der Intensivnutzer*innen gehörten. Um eine eurozentrische Perspektive zu vermeiden, haben wir sowohl Personen in Berlin als auch in Tokio ausgewählt.

Mit Blick auf unsere Forschungsfragen haben sich Berliner*innen und Tokioter*innen als sehr ähnlich erwiesen. Auffällige Unterschiede fanden wir hingegen zwischen Intensiv- und Gelegenheitsnutzer*innen. So nutzten Intensivnutzer*innen meist ein breiteres Spektrum der Funktionsangebote lokativer Medien. Viele Gelegenheitsnutzer*innen verwendeten hingegen nur die Basisfunktionen und nahmen lokative Medien eher als Ergänzung zum Informationsangebot großer Internetplattformen wie Instagram oder Google wahr. Im Falle lokativer Empfehlungsdienste führen diese Unterschiede etwa dazu, dass sich Gelegenheitsnutzer*innen aufgrund personalisierter Suchfilter und algorithmisch generierter Vorschläge häufiger zu Orten leiten lassen, die sie zwar noch nicht besucht haben, die aber weitgehend ihren eigenen szenespezifischen Geschmackspräferenzen entsprechen.

Beispielsweise erzählte uns eine japanische BWL-Studentin, dass sie mithilfe von Empfehlungsdiensten nach ruhigen und preiswerten Cafés sucht, in denen sie lange Gespräche mit ihren Freund*innen führen kann. Ein Kommilitone nutzte mobile Empfehlungsdienste, um unterwegs Geschäfte zu finden, in denen Kreditkartenzahlung akzeptiert wird – in Japan keine Selbstverständlichkeit. Eine Programmiererin aus Berlin berichtete uns, dass sie in ihren Mittagspausen mithilfe von Empfehlungsdiensten auf die Suche nach Cafés geht, die ihre Lieblingskaffeesorten anbieten. Kurz gesagt: Die meisten Interviewpartner*innen bestätigten, dass sie nach Orten Ausschau halten, die zu ihrem eigenen Lebensgewohnheiten und Vorlieben passen, und dass sie daher meist an ähnlichen Orten mit ähnlichen Menschen landen. Empfehlungsdienste erhöhen zwar die Mobilität dieser Nutzer*innen im Stadtraum, aber die Mehrzahl findet keine Zugänge zu Orten anderer Szenen. In der Wahrnehmung dieser Gelegenheitsnutzer*innen erscheint die Stadt als hybrider Archipelraum, in dem viele ähnliche Orte inselartig im öffentlichen Raum verstreut sind, während andersartige Orte ausgeblendet bleiben.

Intensivnutzer*innen setzen mobile Empfehlungsdienste hingegen häufiger als »digitales Schlüsselloch« ein, um hinter die Mauern ihnen unbekannter Orte zu blicken. Sie berichten, dass insbesondere die angezeigten Fotos helfen, Gefühle von Unwohlsein abzubauen und in die Rolle von »Tourist*innen« zu schlüpfen, um Ausflüge in fremde Szenen zu unternehmen. So landete etwa ein von uns interviewter Steuerberater auf der Suche nach einem Frühstückssnack in einer Rocker-Bar, weil er sich auf die positiven Kommentare verließ, die die dort erhältlichen Pancakes lobten. Zwar sind solche

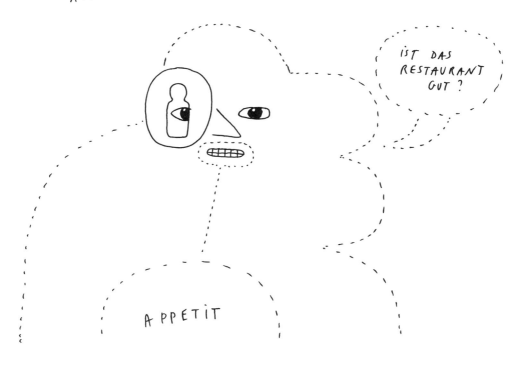

DER HYBRIDE RAUM

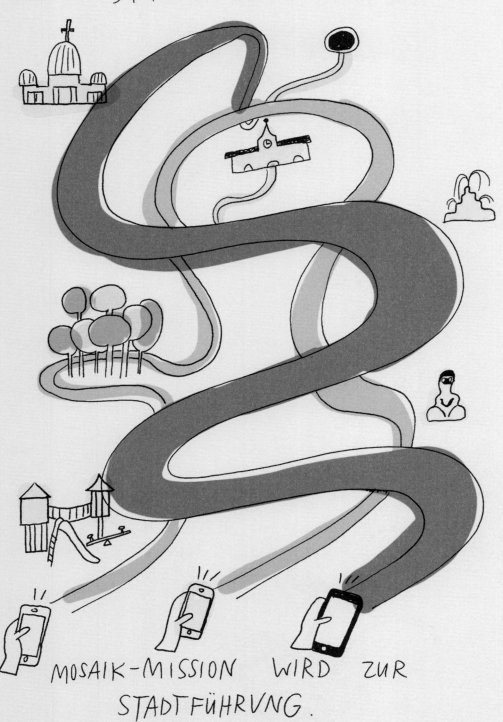

SIE HAT EINE
MISSION

ER HAT NE
STADTFÜHRUNG

touristischen Ausflüge in fremde Szenen kurz und werden selten wiederholt, doch ohne die Zuhilfenahme mobiler Empfehlungsdienste würden sie überhaupt nicht zustande kommen. Allerdings berichten einige Nutzer*innen auch, dass viele Orte im hybriden Raum unsichtbar bleiben, weil die Schreiber*innen von Kommentaren nicht die gesamte Stadtgesellschaft repräsentieren, sondern überwiegend dem »hypervernetzten« studentischen Milieu angehören. So vermisste eine von uns interviewte Studentin in ihrer migrantisch geprägten Nachbarschaft etwa zahlreiche Dönerläden, die im Gegensatz zu teuren Hipsterläden nicht angezeigt werden.

Eine weitere Erkenntnis ist, dass unterschiedliche Gattungen lokativer Medien verschiedene Wahrnehmungsformen erzeugen. Während mobile Empfehlungsdienste einzelne Orte fokussieren und in der Wahrnehmung einen Archipelraum schaffen, legen die Spielmechaniken von *Ingress* oder *Pokémon Go* ein größeres Gewicht auf Bewegung und sensibilisieren stärker für »Bahnenräume«, die Orte verbinden. So verwenden viele Spieler*innen ihre App als Stadtführerin. Unter *Ingress*-Spieler*innen sind beispielsweise sogenannte Mosaikmissionen beliebt. Diese Missionen bestehen aus einer Serie von Orten, die von anderen Spieler*innen zusammengestellt wurde. In der richtigen Reihenfolge besucht, ergeben diese Orte ein Mosaikbild auf dem Smartphonebildschirm.

Ein weiterer Wahrnehmungsunterschied mit konkreten Folgen für die Raumnutzung betrifft die Bedeutungszuschreibung an Orte. Nutzer*innen von Empfehlungsdiensten bemühen sich in der Regel darum, Orte lediglich zu beschreiben und verstärken so die gegebenen Bedeutungen öffentlicher Orte. Mobile Spiele hingegen verwandeln den öffentlichen Raum in einen Spielplatz. Auf diese Weise eröffnen sie Spieler*innen zwar keine Zugänge zu den Treffpunkten anderer Szenen, aber diese Apps schaffen neue hybride Treffpunkte (z. B. *Ingress*-Portale), die selbst zu Ausgangspunkten einer Szene werden, die – wie im Fall von *Pokémon Go* – durchaus Spieler*innen aus heterogenen Szenen anziehen. Die Besucher*innen dieser Treffpunkte erkennen sich an äußeren Merkmalen wie einer mitgeführten Powerbank, da mobile Spiele Smartphoneakkus noch stark strapazieren. Diese Merkmale werden schnell zu Gesprächsaufhängern, die dabei helfen, die höfliche Gleichgültigkeit, mit der sich Passant*innen im öffentlichen Raum üblicherweise begegnen, zu überwinden. ✳

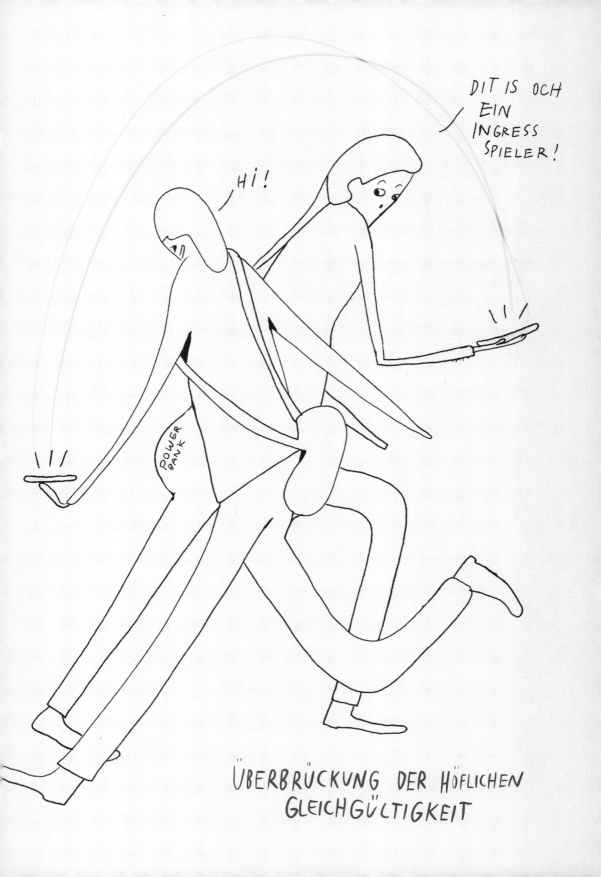

14

Auf der Suche nach translokalen Öffentlichkeiten

Alexa Keinert, Daniela Stoltenberg, Barbara Pfetsch, Annie Waldherr

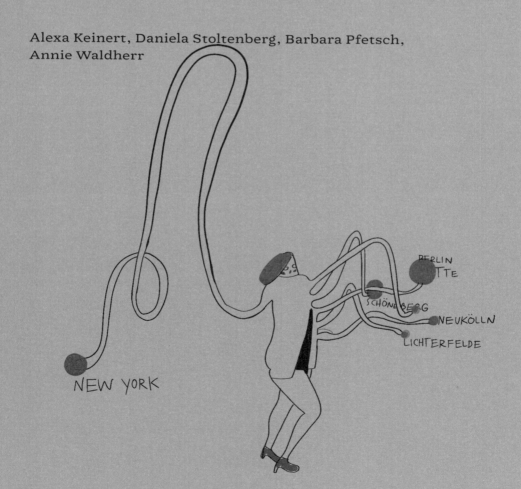

Das Internet erscheint grenzenlos: In Sekundenschnelle können Waren, Bilder oder Nachrichten auf die andere Seite des Globus geschickt werden. Doch was bedeutet dieses Potenzial für die Räumlichkeit von Öffentlichkeiten im Social Web? In unserem Projekt nehmen wir die Stadt als Ausgangspunkt und machen uns auf die Suche nach Spuren des Globalen, Lokalen oder Nationalen in der Stadtöffentlichkeit. Wir fragen: Wie ist digitale Kommunikation räumlich verankert? Wer spricht in städtischen Öffentlichkeiten und sind die

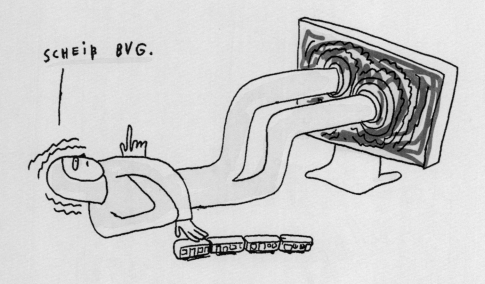

Themen dieser Kommunikation lokal oder global? Wie weit reichen die Vernetzungen in die Welt hinaus und welche Orte sind auf welche Weise durch digitale Kommunikation verbunden?

In Berlin und Jerusalem untersuchen wir die räumlichen Anordnungen öffentlicher Kommunikation in sozialen Medien, speziell auf Twitter. Um ein umfassendes Bild der digitalen Räume der Stadtöffentlichkeiten zu zeichnen, haben wir für beide Städte die Interaktionen zwischen Twitter-Nutzer*innen und ihre geteilten Inhalte im Sommer 2018 für zwei Wochen erfasst: ca. eine Million Tweets von Berliner sowie 100.000 Tweets von Jerusalemer Nutzer*innen. Hinzu kommen 30 beziehungsweise fünf Millionen Tweets von Nutzer*innen, mit denen diese weltweit verbunden sind. Diese Datenfülle ermöglicht uns einen guten Überblick über die in den Twitter-Netzwerken besprochenen Themen. Zudem kartografieren wir die entstehenden Netzwerke und können so Aussagen zur räumlichen Verortung und Reichweite der Twitter-Öffentlichkeiten treffen.

WAS SIND <u>STADTÖFFENTLICHKEITEN?</u>
UND GIBTS DIE AUCH DIGITAL.

Der Kurznachrichtendienst bietet sich für eine Erhebung und Analyse von Social-Media-Kommunikation an, da er grundsätzlich öffentlich und für die Erforschung digitaler Datenspuren zugänglich ist. Diese Datenspuren werten wir in Netzwerkanalysen und automatisierten Inhaltsanalysen aus. Zudem gehört Twitter zu den meistgenutzten digitalen Plattformen weltweit. Die Kommunikation über diese Plattform stellt natürlich nur einen Teil der Stadtöffentlichkeit dar, die auch von lokaler Berichterstattung, lokal ausgerichteten Plattformen wie nebenan.de oder lokativen Medien (siehe Lettkemann in diesem Band) und nicht zuletzt dem persönlichen Austausch in der Nachbarschaft geprägt ist. Gleichwohl spielt Twitter eine wichtige Rolle vor allem in der politischen Kommunikation und für die journalistische Recherche – und wirkt so über die Plattform hinaus auf die öffentliche Debatte.

In den digitalen Öffentlichkeiten finden wir sowohl eine recht hohe Vernetzung innerhalb der Stadt als auch verschiedene Gruppen, die

translokal kommunizieren. Diese Gruppenbildung lässt sich auf unterschiedliche Gemeinsamkeiten zurückführen. Die gemeinsame Sprache ist eine wichtige Voraussetzung für die Vernetzung. Dies lässt sich anhand der spanischsprachigen Community in der Berliner Twitter-Öffentlichkeit zeigen, die Verbindungen sowohl nach Spanien als auch nach Lateinamerika aufweist. Auch Migrationserfahrungen hinterlassen in digitalen Netzwerken ihre Spuren. So verbindet sich offenbar die große türkische Diaspora in Berlin weiter mit Nutzer*innen an zahlreichen Standorten in der Türkei. Insgesamt reichen die Vernetzungen so von der Stadt in die ganze Welt hinaus, ihre Verdichtungen orientieren sich aber nach wie vor an sprachlichen oder nationalen Grenzen.

Wenn wir uns die Inhalte dazu anschauen, wird eine weitere Besonderheit deutlich: In den Stadtöffentlichkeiten werden Themen unterschiedlicher räumlicher Reichweite gleichzeitig verhandelt. Das Beispiel Berlin zeigt, dass in der städtischen Twitter-Öffentlichkeit

NACHWUCHS(STAR)WISSENSCHAFTLERIN STELLT KLUGE FRAGEN FÜR FELDFORSCHUNG.

DIE MEISTEN INTERAKTIONEN FINDEN IM NAHRAUM STATT.

lokal verortete, aber auch translokale, nationale und globale Themen sowie Themen mit öffentlichen und privaten Bezügen parallel diskutiert werden. So twitterten Berliner*innen während unseres Erhebungszeitraumes über eindeutig lokal verankerte Themen, wie die Hitzewelle von 2018 oder den öffentlichen Nahverkehr, und über Themen aus der Berliner Kultur- und Startup-Szene. Politische Themen sind dagegen stärker national oder auch international ausgerichtet. Mit globaler Gerechtigkeit und Klimawandel finden wir auch Beispiele für sehr translokal geprägte Themen, die deutlich über die Stadtgrenzen hinausweisen. Aufschlussreich ist auch, dass sich im Vergleich der Stadtöffentlichkeiten von Berlin und Jerusalem spezifische lokale Profile zeigen: Während in der Berliner Twitter-Öffentlichkeit eher alltägliche, kulturelle und scheinbar triviale und ernsthafte Themen gleichzeitig diskutiert werden, sind die Twitter-Diskussionen in Jerusalem sehr stark durch die politischen Themen und Konflikte des Landes geprägt.

Wir haben es im Social Web also mit translokalen Öffentlichkeiten zu tun, sowohl auf Struktur- als auch auf Inhaltsebene. Das Konzept der Translokalität ermöglicht es uns, die Gleichzeitigkeit der verschiedenen Raumbezüge zu betonen und differenziert zu betrachten – eine Unterscheidung, die mit den Begriffen *global* oder auch *international* nicht möglich wäre. Allerdings sehen wir vor allem in der Twitter-Öffentlichkeit Jerusalems auch Brüche: Die Spaltung Jerusalems in einen jüdisch-hebräischen und arabisch-palästinensischen Teil, die vielen sichtbaren und unsichtbaren Grenzen innerhalb der Stadt, auf die wir bei unserem Feldbesuch immer wieder gestoßen sind, bilden sich auch in den Kommunikationsnetzwerken ab. Dies zeigt sich in unserer Analyse der Kommunikation rund um die Bürgermeisterwahl. Die Wahl hat nicht zu Diskussionen und Vernetzungen zwischen den Einwohner*innen Jerusalems geführt, vielmehr haben die bestehenden materiellen und sozialen Grenzen auch den digitalen Raum beherrscht. Zugleich werden digitale Medien von zivilgesellschaftlichen Gruppen oft eingesetzt, um translokale Unterstützernetzwerke zu aktivieren. Dies haben wir beobachtet, als wir bei unserem Feldaufenthalt die Bewohner*innen eines palästinensischen Beduinendorfs trafen, die mithilfe der sozialen Medien internationalen Widerstand gegen ihre Vertreibung organisierten.

Jenseits der Debatten in Stadtöffentlichkeiten interessieren uns auch die Kommunikationsentscheidungen und -gewohnheiten der Nutzer*innen: Welches Publikum haben sie vor Augen, wenn sie twittern? Mit wem haben sie Kontakt und wo sind diese Personen

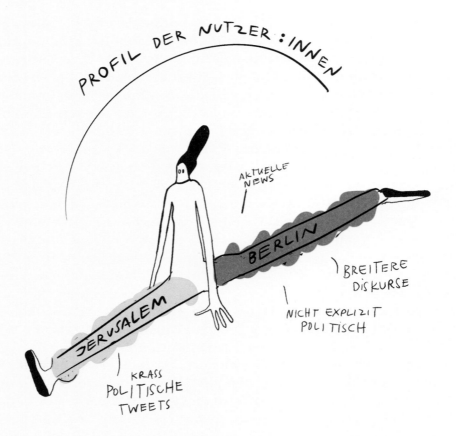

PROFIL DER NUTZER:INNEN

AKTUELLE NEWS

BERLIN

BREITERE DISKURSE

NICHT EXPLIZIT POLITISCH

JERUSALEM

KRASS POLITISCHE TWEETS

DATENERHEBUNGSSPORT.

verortet? Mit anderen Worten: Welche Kommunikationsräume konstruieren sie durch ihre Twitter-Aktivitäten? In einer Befragungsstudie haben wir insgesamt 172 besonders aktiven Twitter-Nutzer*innen in beiden Städten diese Fragen gestellt. Ziel war es, möglichst normale Nutzungssituationen einzufangen und in der konkreten Situation der mobilen Mediennutzung abzufragen. Doch was der Normalzustand ist, hatte sich grundlegend geändert, als wir mit dem Fragebogen im Feld waren: Während der Erhebung in Jerusalem ging Israel als Reaktion auf die Covid-19-Pandemie als eines der ersten Länder weltweit in einen Lockdown. Dadurch gewannen wir ganz unerwartet Daten über die Social-Media-Nutzung in einer Ausnahmesituation. Darüber hinaus hat die Pandemie auch für uns den

ZERUSALEM. So VIELE GRENZEN.

WIR WOLLTEN DOCH NUR
EINE „ NORMAL SITUATION"

DANN KAM CORONA.

DER FRAGEBOGEN
WAR GERADE FERTIG

DIGITALES
BEDUINENDORF

JETZT NI
ICH ZOOM
GERADE
DER UN

ERST ALS ICH
DA WAR

HAB ICH VERSTANDEN,
WIE KOMPLIZIERT
ES IN JERUSALEM IST.

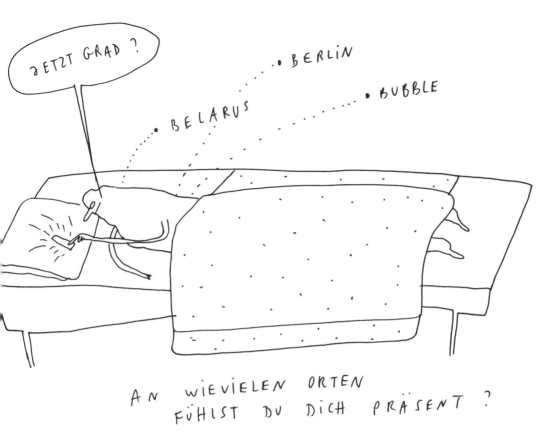

Stellenwert digitaler Kommunikation, welche Interaktion auch in Isolation und zu Zeiten eingeschränkter Mobilität ermöglicht, noch einmal unterstrichen.

Im Ergebnis zeigt unser Projekt, dass Twitter-Netzwerke gleichzeitig lokal verankert und translokal aufgespannt sind und dass sich dies in den Themen und in den Akteurskonstellationen niederschlägt. Die Öffentlichkeiten strukturieren sich in Gruppen, die sich mit territorialen Grenzen decken, sie durchqueren gleichzeitig aber geographische Einheiten wie Stadt, Staat oder Kontinent. Unser Projekt unterstreicht auch die Bedeutung von geopolitischen Strukturen und Kommunikationsinfrastrukturen. Diese vernetzen einerseits ganz unterschiedliche Akteur*innen, machen andererseits aber auch anhaltende kommunikative und politische Spaltungen sichtbar. ✳

15

Eine kleine Version der großen Öffentlichkeit auf Weltreise

Volkan Sayman, Jannik Schritt

Politik findet heute nicht nur in Parlamenten oder digitalen Akti-
vistennetzwerken statt. In vielleicht etwas wenig sichtbarer Form
findet Politik auch in den Szenen weltweit vernetzter Akteur*innen
statt, die Partizipation von Bürger*innen für Verwaltungen, Regierungen oder auch Unternehmen anbieten. Mini-Publics sind derartige professionalisierte Verfahren, die Bürger*innen zur Mitgestaltung
von politischen Meinungsbildungs- und Entscheidungsprozessen
anregen sollen und als Alternative zu reiner Interessenpolitik gehan-
delt werden. Die wesentliche Idee ist, dass eine zufällig gezogene, repräsentative Stichprobe der Bevölkerung in Kleingruppen ein Thema
diskutiert, manchmal über mehrere Tage hinweg.

DEMOKRATIE DRIVE-IN

STANFORD DESIGN FÜR MINI-PUBLICS.

(SHIMINTOGAI)

(CITIZENS JURY)

is es das Original, oder nicht ?

Die Diskussionen werden moderiert und von Expertenbefragungen und Evaluationsbögen begleitet. Am Ende kann ein konsensuales Statement der gesamten Mini-Publics stehen oder auch nur ein Statement, das die Diversität der Meinungen abbildet.

Unser Forschungsprojekt hat sich aber nicht damit befasst, was in den Mini-Publics geschieht, sondern damit, wie sich die quer über den Globus verteilte Szene von Menschen, die solche Mini-Publics organisieren, untereinander vernetzt und welche Macht- und Wissensverhältnisse diese Szene strukturieren. Mini-Publics sind seit den 1970er-Jahren auf der Reise um den Globus. Die Modelle verbreiten sich über alle Kontinente, werden von Regierungen und Verwaltungen eingesetzt und an vorherrschende kulturelle und politische Praktiken angepasst.

Wir arbeiteten daher mit der These, dass die weltweite Verbreitung von Mini-Publics durch reisendes Wissen, Expert*innen und Dinge zur Entstehung eines Raums geführt hat, in dem Mini-Publics auf

BIN ICH NOCH MINI - PUBLIC ?

geteilte Weise »gewusst« werden. Diesen Raum nennen wir *trans-lokaler Instrumentenraum*. Dieser Raum grenzt sich sowohl von *Regierungsräumen*, in denen Gesetze und Regeln gemacht werden, als auch von *Themenräumen*, in denen Probleme und Angelegenheiten öffentlich diskutiert werden, ab und überlagert diese.

Wir kombinierten verschiedene Methoden, um diesen Raum qualitativ und quantitativ zu rekonstruieren. So starteten wir den Versuch, alle Mini-Publics-Fälle, die seit den 1970er-Jahren stattgefunden haben, in einer Datenbank zu sammeln. Dafür suchten wir in öffentlich zugänglichen Quellen, fragten bei Organisationen nach und kontaktierten Forscher*innen, die bereits kleinere Datenbanken angefertigt hatten. Mit etwa 1800 dokumentierten Fällen haben wir die weltweit größte Mini-Publics-Datenbank geschaffen. Die Datenbank zeigt, wie stark sich diese Verfahren zur Lösung der vielfach beschworenen »Krise der Demokratie« in den letzten Jahren verbreitet haben.

Ein zweiter Ansatz war es, die Wissensproduktion und -zirkulation in Bezug auf Mini-Publics durch teilnehmende Beobachtungen zu erfassen. Dafür gingen wir tiefer ins Feld und stießen auf Democracy R&D, eine Organisation, die Praktiker*innen und Forscher*innen des globalen Felds versammelt, um gemeinsame Standards zu entwickeln und Projekte zu starten sowie Wissen auszutauschen. Wir beobachteten dieses Netzwerk bei Treffen in Paris, Manchester und online und sprachen mit dem Koordinator und vielen Mitgliedern. Wir nahmen an der Erstellung eines Wikis teil, das Wissen über Online-Mini-Publics systematisiert für die Mitglieder des Netzwerkes aufbereiten sollte. So kamen wir im Laufe der Zeit zur Deutung, dass Democracy R&D eine Organisation ist, die weltweit verteilte Wissensbestände zentral sammelt, katalogisiert, standardisiert und kompatibel macht, was wir mit dem Begriff des *center of calculation* fassen. Dieser wurde auch für wissenschaftliche Labore oder Bibliotheken verwendet. Ein *center of calculation* sammelt, sortiert,

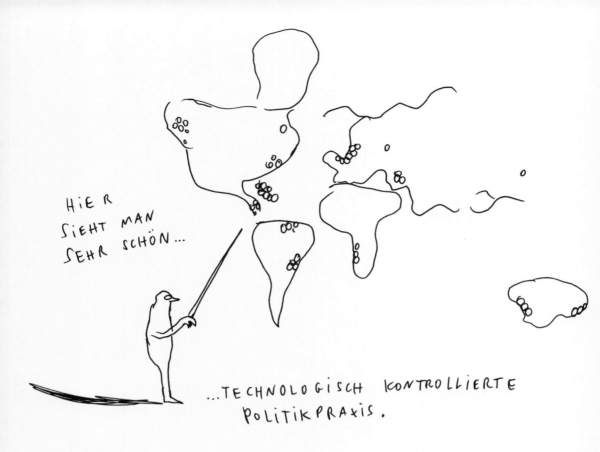

HIER SIEHT MAN SEHR SCHÖN...

...TECHNOLOGISCH KONTROLLIERTE POLITIKPRAXIS.

standardisiert und verteilt Wissen, sodass es formal und inhaltlich in vielen Kontexten anschlussfähig ist. Häufig gehen dadurch die Spezifika nicht standardisierter Mini-Publics-Modelle verloren. Manche Modelle von Mini-Publics-Praktiken liegen bereits im Vorhinein näher an einem entstehenden Standard, sodass die Übersetzung ihrer Eigenheiten in den Standard einfacher ist als bei Modellen, die weniger beachtet werden oder aus Perspektive des *centers* sehr »eigen« sind. Setzt sich jedoch einmal ein Standardwissen über Mini-Publics durch, orientieren sich alle Modelle in je eigener Weise an diesem Standard, ganz gleich, wie sehr sie vom Standard abweichen. Neben der gezielten Standardisierung von Wissen schafft das Netzwerk Democracy R&D durch Zoom-Calls ein Gemeinschaftsgefühl unter global verteilten Mini-Publics-Innovator*innen. Solche Infrastrukturen des Netzwerkes fassen kulturell und politisch unterschiedliche Orte der Mini-Publics-Welt zu einem Wissensraum zusammen.

Die vielen unterschiedlichen Mini-Publics-Modelle, die im Laufe der vergangenen 40 Jahre entstanden sind, haben nicht nur zu einer

DATENBANK AUFRÄUMEN

Vielfalt von zirkulierenden Praktiken und Wissensformen geführt. So gibt es unzählige Varianten deliberativer Praktiken, die nicht zum engeren Kern westlicher Mini-Publics gehören, aber klare Parallelen aufweisen. Wenig überraschend stehen diejenigen, die Mini-Publics durchführen, weiterentwickeln und erforschen, vor der Herausforderung, zu definieren, was diese Mini-Publics trotz aller Differenzen im Kern ausmacht. Während für manche eine rigorose Zufallsauswahl entscheidend ist, legen andere großen Wert auf möglichst ausgewogene Informationsmaterialien und Expertenpanels, andere wiederum auf eine gerechte Repräsentation diskriminierter Gruppen oder auf die Länge und Intensität des Events. Je nach lokalen, regionalen oder nationalen Gegebenheiten wird mit Verfahren oder Verfahrenselementen gebastelt und experimentiert. Die Zirkulation, Adaption und Neujustierung von Wissen lassen einen Raum entstehen, in dem ein politisches Instrument ähnlich wahrgenommen und beschrieben wird.

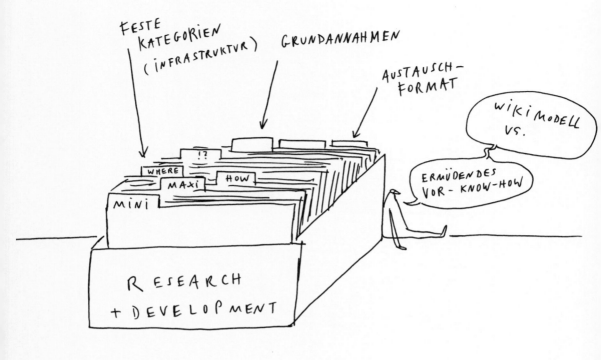

Um einige Übersetzungsprozesse zwischen differenten Kontexten im Detail zu beobachten, führten wir ethnografische Feldbeobachtungen durch, im Zuge derer wir Mini-Publics-Verfahren auf ihrer Reise verfolgten. Ein Fall, den wir beobachteten, war, wie ein sehr stark standardisiertes Mini-Public-Modell namens Deliberative Poll™ von der Stanford Universität in den USA nach Skopje in Nordmazedonien reiste. Der Erfinder des Deliberative Poll™, Prof. James Fishkin, machte bereits Monate vor Beginn des Verfahrens das lokale Team in Skopje mit den Standards eines Deliberative Poll™ vertraut. Leitfäden wurden versendet, Zoom-Calls zwischen Skopje und Stanford durchgeführt und zuletzt kam Prof. Fishkin mit seiner Mitarbeiterin nach Skopje, um dem Deliberative Poll™ in einem großen Hotel der Hauptstadt beizuwohnen. Wir haben diese Praxis mit der Metapher der Kolonialisierung beschrieben, um deutlich zu machen, wie hier der Versuch unternommen wird, das amerikanische Modell in Gänze nach Nordmazedonien zu transferieren, indem vor Ort durch den gezielten Aufbau von Infrastrukturen, räumlichen Arrangements und

geschultem Personal die Herstellung optimaler Bedingungen für eine möglichst identische Durchführung gemäß des amerikanischen Modells angestrebt wird.

Ein anderer Fall war die Reise eines Mini-Publics-Modells von Oregon, USA, nach Sion in der Schweiz. In diesem Fall wurde weniger Wert darauf gelegt, dass das Modell aus Oregon vollständig in der Schweiz repliziert wird, sondern darauf, dass unterschiedliche Praktiken von Mini-Publics je nach Kontext als äquivalent gelten können. Das hat sich insbesondere in unterschiedlichen Moderationsstilen manifestiert, die für die unterschiedlichen Kontexte als angemessen betrachtet wurden. Wir haben diese Praxis mit der Metapher der Kommensurabilität beschrieben, um deutlich zu machen, dass es hier nicht darum geht, eine Praxis in einem anderen Kontext identisch zu replizieren, sondern darum, Unterschiedliches vergleichbar zu machen. Schließlich haben wir auch die Reise des deutschen Modells der Planungszelle und seine Übersetzung in das japanische Modell der *shimin togkai* ethnografisch am Beispiel eines solchen Verfahrens in Japan beziehungsweise von zwei Verfahren in Deutschland untersucht. Im Gegensatz zur Praxis der Kolonialisierung und Kommensurabilität ging es bei diesem Transfer nicht darum, ein Modell identisch zu replizieren oder unterschiedliche Praktiken als gleichwertig darzustellen, sondern darum, das deutsche Modell bewusst so zu verändern, dass es dem japanischen Kontext zuträglich ist, indem beispielsweise eine kürzere Zeitspanne und eine andere Moderationsmethode gewählt wurden. Wir haben diese Praxis mit der Metapher der Aneignung beschrieben, um deutlich zu machen, dass es hier nicht um den Versuch geht, eine Funktion beziehungsweise ein Mittel-Zweck-Schema aufrechtzuerhalten, sondern darum, es ganz bewusst so zu verändern, dass es sich problemlos in die zuvor bereits existierende kontextspezifische Praxis einfügt.

Mini-Publics-Praktiken reisen also nicht als Ganzes, sondern nur einzelne Elemente (Menschen, Artefakte, Texte) werden aus ihrem Kontext herausgelöst, die dann in etwa wie Pakete mit der Post zunächst verpackt und in einen anderen Kontext verschickt werden, sich dort aber beim Entpacken mit bereits zuvor existierenden Elementen vor Ort verbinden. Praxis und Kontext werden durch die Reise transformiert. Diesen Prozess beschreiben wir mit dem Konzept der Übersetzung, wobei Kolonialisierung, Kommensurabilität und Aneignung drei unterschiedliche Modi der Übersetzung beschreiben.

Dadurch dass es bei der Reise von Mini-Publics immer zu Transformationen der Praxis kommt, gleichen sich Mini-Publics selten vollständig. Je nach Strategie wird versucht, Transformationen zu vermeiden, Events trotzdem vergleichbar zu machen oder Veränderungen bewusst vorzunehmen. Dennoch sehen wir, wie im Netzwerk Democracy R&D versucht wird, die Übersetzungsprozesse bewusst zu gestalten, etwa indem Best-Practice-Standards entwickelt werden. Somit lässt sich durchaus die These aufstellen, dass die gezielte und untereinander reflexiv vernetzte Verbreitung von Mini-Publics-Versuchen einer weltweiten Standardisierung und Legitimierung unterliegt.

Die Wissensproduktion der globalen Szene der Mini-Publics-Praktiker*innen ist keine neutrale Praxis. Die Machteffekte ihrer Arbeit lassen sich, wie wir gezeigt haben, am Reisen dieser Modelle, an unterschiedlichen Modi der Übersetzung von und der Schaffung neuen Wissens über Mini-Publics ablesen. Vielleicht ist das Wissen über die Verfahren damit sogar mächtiger als die tatsächlichen politischen Auswirkungen mancher Mini-Publics. *

16

Methoden-Lab als Experimentierraum

Séverine Marguin

Das Methoden-Lab: Eine Plattform für die interdisziplinäre Zusammenarbeit

In der Mitte des Korridors der SFB-Etage findet man das Methoden-Lab. Als kollektiv genutzte Räumlichkeit besteht es aus einer Bibliothek, einem großen Tisch mit bunten Stühlen, einem Sofa, einigen Pinnwänden sowie zwei Arbeitsplätzen. Dieses helle, gemütliche Zimmer wird zum Raum des Kooperierens, des Streitens, des Experimentierens, des Diskutierens im Rahmen der vielen Workshopformate und anderer Datensitzungen, die dort stattfinden.

Als Plattform und manchmal sogar Ring für die interdisziplinäre Zusammenarbeit zwischen Soziolog*innen, Architekt*innen, Stadtplaner*innen, Kommunikationswissenschaftler*innen und Geograph*innen organisiert das Methoden-Lab den Transfer von methodischem Wissen in alle Richtungen: Wie forsche ich über Raum? Mit welchen Instrumenten? Die Begegnung von unterschiedlichen Disziplinen ermöglicht (im Idealfall, wenn man sich versteht) die Überbrückung von starren Fronten in den jeweiligen Disziplinen: zum Beispiel zwischen qualitativer und quantitativer Forschung oder zwischen unterschiedlichen Medialitäten, seien es visuelle, textuelle oder numerischen Datenarten.

BILDER HABEN ZU VIEL MACHT. ICH TRANSKRIBIERE ERSTMAL.

Die Forschenden kommen mit ihren jeweiligen disziplinären Forschungstraditionen im Gepäck. Die Sozialwissenschaftler*innen sind zum Beispiel an Textformate gewöhnt, sie brauchen das Geschriebene. Sogar die visuell Versierten unter ihnen, zum Beispiel die Videograph*innen, bringen immer an einem gewissen Punkt die Daten in Textform. Nur erst auf der Ebene des Wörtlichen kann die Interpretation von Deutungen starten. Bei den Architekt*innen und Planer*innen ist es genau umgekehrt: Es wird in Bildern gedacht. Es wird fotografiert, kartografiert, gezeichnet und dabei wenig geschrieben. Über die Interdisziplinarität kann man voneinander lernen: Die Soziolog*innen werden an visuelle Formate und Sprache herangeführt und die Gestalter*innen an das Textformat gewöhnt. Über diese Begegnung sorgt das Methoden-Lab für die Entwicklung neuer Methoden beziehungsweise für das Kennenlernen etablierter Methoden in anderen disziplinären Communitys, wie es das *Handbuch qualitative und visuelle Methoden der Raumforschung*, das wir gerade am SFB herausgebracht haben, beweist.

Ein innovatives Ziel: Die Entwicklung neuer Methoden der Raumforschung

Das Methoden-Lab soll zur Entwicklung neuer Methoden beitragen. Aber was sind überhaupt Methoden? Und wozu dienen sie? Kann man einfach so neue Methoden entwickeln? Wissenschaftliche Methoden sorgen dafür, dass das produzierte Wissen als wissenschaftlich anerkannt wird. Sie stellen den Kanon. Ohne Methoden keine Wissenschaft. Aber nichtsdestotrotz sind wissenschaftliche Methoden nicht in Stein gemeißelt, vielmehr verändern sie sich mit der Zeit, genau wie die Wissenschaft (oder die Idee davon) sich ebenfalls mit der Zeit verändert.

Neue Herausforderungen brauchen neue Methoden, zum Beispiel die Erforschung der Globalisierung und Digitalisierung, die nicht mehr nur anhand der traditionellen Sets an Methoden untersucht werden können. Und auch neue technische Entwicklungen (Stichwort Big Data oder Virtual Reality) können neue Datenarten und daher neue Möglichkeiten bieten. Allerdings braucht jede Methodenentwicklung eine kontinuierliche methodologische Reflexion über deren Einsatz und Einfluss, damit sie den wissenschaftlichen Standards (den sogenannten Gütekriterien) entspricht – oder sie gleich mitverändert!

Im Methoden-Lab wurde viel über die Methode des Mappings diskutiert, gestritten, enthusiastisch nachgedacht. Damit meinen wir eine dynamische Kartografie, die nicht nur ein Territorium vermisst, sondern auch versucht, den Wissens- und Handlungsraum zu fassen. Wie zum Beispiel im Rahmen einer Untersuchung über die Wissensproduktion im botanischen Garten, indem wir das räumliche Arrangement des Gartens in Bezug auf die Herkunft der Pflanzen und auf feste Weltvorstellungen (zwischen alter und neuer Welt) kartografiert haben: Dafür haben wir nicht nur den Garten engmaschig inventarisiert, sondern wir haben ebenfalls länge Gespräche mit dem Gartenteam geführt, um sein Raumwissen und -verständnis zu erheben. An dieser Schnittstelle sehen wir einen Mehrwert, um komplexe Verhältnisse zu reduzieren.

WO DATEN FÜR WISSENSCHAFT + FORSCHUNG
HERKOMMEN:

HAUS FÜR STATISTIK

ZETZT FRAGEN WIR BIG DATA

WISSENSPRODUZENT →

MEINE METHODE

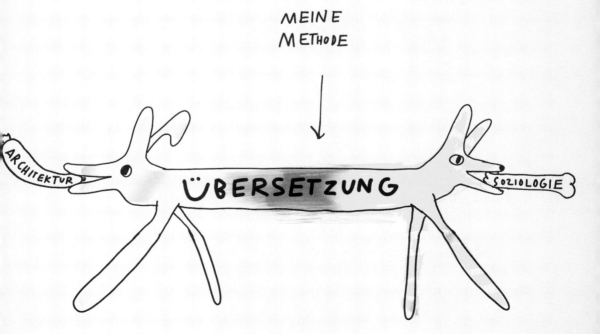

ARCHITEKTUR

ÜBERSETZUNG

SOZIOLOGIE

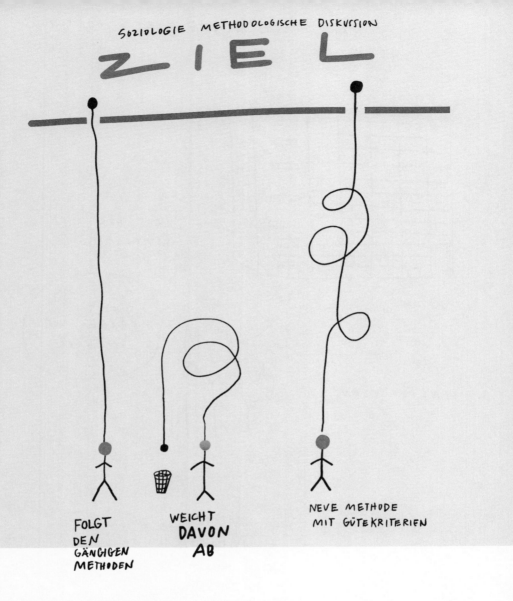

SOZIOLOGIE METHODOLOGISCHE DISKUSSION

ZIEL

FOLGT DEN GÄNGIGEN METHODEN

WEICHT DAVON AB

NEUE METHODE MIT GÜTEKRITERIEN

Mappings sind in Architektur und Städtebau gängige und erprobte Werkzeuge und dienen als Analyse-, Konzeptions- und Kommunikationsmittel. Mit ihnen lernen Architekt*innen und Planer*innen, Raum zu verstehen, zu imaginieren und zu gestalten. Wie viele Werkzeuge in der Architektur ist auch das Mapping Teil des verkörperten, handlungsbasierten Wissens der Profession geworden. Aus diesem Grund – und sicherlich auch, weil Forschung in der Architektur noch kein etabliertes Feld konstituiert – werden Mapping-Techniken als Forschungsmethode selten reflektiert. An dieser Stelle wird der Mehrwert der interdisziplinären Zusammenarbeit deutlich: In der Erprobung von Mappings in interdisziplinären Teams (z. B. im

Rahmen der SFB-internen Arbeitsgruppe Hybrid Mapping Methods)
wird der sozialwissenschaftliche Diskurs eingeholt, um die Validität
der Methoden zu besprechen und dabei standardisierte Vorgehens-
weisen im Sinne einer Schritt-für-Schritt-Anleitung zu entwickeln.
Dabei bleibt die Nachvollziehbarkeit der Interpretation das Wichtigste: Wie kommen wir als Forschende zu dieser einen Interpretation? Mappings – wie viele visuelle Artefakte – tendieren in ihrer Fer-
tigkeit zur Darstellung einer Wahrheit. Dabei darf aber nicht verges-
sen werden, dass sie nur das Resultat eines spezifischen Konstrukti-
onsprozesses sind, der unbedingt kleinteilig und mühsam reflektiert
werden muss.

MUSEN DER FORSCHUNG

Wenn die Zusammenarbeit knirscht

Die Interdisziplinarität erfordert allerdings nicht nur eine offene Dialogbereitschaft über das *Was* (das Soziale und das Räumliche) und das *Wie* (die Methoden), sondern auch über das *Wozu*: Aus welchem Grund, mit welchem Zweck und für welche Leserschaft produziere ich als Forschende*r diese Erkenntnisse? An dieser Stelle beginnt die Kooperation sehr zu knirschen und kann mal als unversöhnlich erscheinen. Soziolog*innen und Architekt*innen verfolgen unterschiedliche Ziele, was sich oft an der Gradlinie zwischen Grundlagen- und angewandter beziehungsweise Aktionsforschung entfaltet, sodass man möglicherweise schnell in diesem Spannungsfeld zwischen

Elfenbeinturm und reiner Auftragsarbeit von der jeweils anderen Seite beschimpft wird. Und dies drückt sich in unterschiedlichen Präferenzen aus, was zur Frustration auf der anderen Seite führen kann – wenn etwa Soziolog*innen den Kopf schütteln über das eher schwammige oder wild gemischte theoretische Konstrukt der Architekt*innen und Planer*innen. Oder umgekehrt, wenn Architekt*innen Soziolog*innen verständnislos fragen: »Aber warum agiert ihr da nicht? Habt ihr Angst vor Action?!« Dabei spielt der Grad der Umsetzung eine wichtige Rolle: Geht es nur darum, die Welt zu verstehen beziehungsweise kritisch zu betrachten, oder darum, sie gleich mitzuverändern?

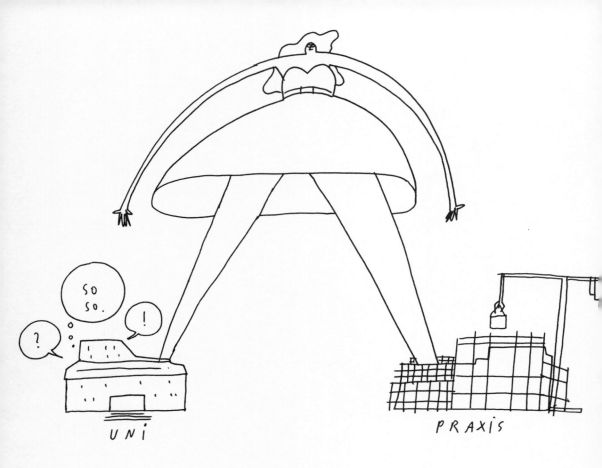

In diesem Zusammenhang versuchen wir, eine Diskussion darüber zu führen, wie Gestaltung und Wissenschaft zueinander stehen und was sie sich gegenseitig bringen können – vor allem im aktuellen Wandel der Wissenschaften. Die Konfrontation mit anderen Motiven kann dazu beitragen, die eigene innere Motivation als einzelne*r Forschende*r zu reflektieren und gegebenenfalls zu ändern: Warum mache ich das eigentlich? Und wie positioniere ich mich nicht nur *gegenüber*, sondern vielmehr *mit* anderen? Dabei ist es wünschenswert, dass die Lehren aus der interdisziplinären Erfahrung nicht nur in eine Sackgasse führen, sondern vielmehr zur Etablierung neuer, in den jeweiligen Disziplinen legitimer Arbeitsweisen beitragen. Aber auf dem Weg der Kanonisierung brauchen wir einen langen Atem! ✳

A bigger translation

Tiziana Beck und Johanna Benz

Während unserer Zusammenarbeit konntet ihr tiefe Einblicke in die Arbeit des SFB gewinnen. Welchen Eindruck hattet ihr vom Forschungsverbund – zum Zusammenspiel der Themen und Forscher*innen?

Wir haben viel Neues gelernt, zum Beispiel wie physische und virtuelle Räume von Menschen kreiert, transformiert oder dekonstruiert werden. Und wir haben Soziolog*innen, Geograph*innen, Architekt*innen und Datenbankverwalter*innen kennengelernt, die sich wissenschaftlich mit alltäglichen Räumen auseinandersetzen, um diese Räume und ihre Veränderungen zu verstehen. Die Forscher*innen des SFB haben – aus verschiedenen Disziplinen kommend – bestimmte Begrifflichkeiten benutzt oder entwickelt, um Räume präzise zu beschreiben. Beschreibungen wie Bildungsräume, translokale Räume, Zentren der Koordination oder lokative Medien waren neu und interessant für uns. Diese Sprache haben wir auch in unsere Zeichnungen aufgenommen und visuell weiterverarbeitet.

Wie war der Austausch mit den Wissenschaftler*innen und wie haben sie auf eure Zeichnungen reagiert?

Das war eine Art Online-Blind-Date mit dem SFB. Wir trafen uns in kleiner Runde mit den 16 Teams und kamen jeweils für zwei bis vier Stunden mit den Forscher*innen und Mitarbeiter*innen intensiv ins Gespräch. Dabei zeichneten wir simultan. Das Buch ist ein visueller Spaziergang durch 16 verschiedene interdisziplinäre Forschungsprojekte zum Thema Raum und seiner Veränderung.
Beim Zeichnen treiben uns verschiedene Fragen um: Wie lässt sich Raumerleben grafisch darstellen und welches Bild braucht es, um die Entwicklung eines Projektes zu beschreiben? Was wird zwischen den Zeilen erzählt? Welche Stolpersteine und Erfolge gab es?

Wie würdet ihr eure Arbeitsweise (bei diesem Projekt) beschreiben? Würdet ihr eure zeichnerische Arbeit als Übersetzung oder Kommentierung verstehen?

A bigger translation: Unsere Arbeit übersetzt Inhalte spontan, direkt und intuitiv in Bilder und ist damit eine Synthese von Übersetzung und Kommentar. Je weniger wir vorher wissen, desto assoziativer können wir mit den Impulsen der Wissenschaftler*innen und Mitarbeiter*innen arbeiten. Uns interessiert dabei, wie man den Kontext und die Themen mit zeichnerischen Mitteln in neue Zusammenhänge setzen kann. *Graphic Recording* heißt, dass wir gesprochene Inhalte zeichnerisch veranschaulichen und unsere eigene Sichtweise künstlerisch zum Ausdruck bringen. Vor allem geht es darum, wie Text und Zeichnung in einem Bild zusammenwirken und eine Beziehung eingehen. Humor spielt dabei eine große Rolle.

Projektglossar

01	Im Forschungsprojekt C04 – **»Die Welt in meiner Straße«** interessieren wir uns für den Austausch sozialer Unterstützung in der Stadt. Wir haben Berliner*innen vor Corona dazu befragt, wie sie mit alltäglichen Herausforderungen umgehen und wo sie Unterstützung bekommen. Im Herbst 2020 befragten wir Berliner*innen online zu den coronabezogenen Veränderungen in ihrem Alltag und zu Möglichkeiten, soziale Unterstützung auszutauschen. Unter der Leitung von Talja Blokland (Lehrstuhl für Stadt- und Regionalsoziologie, HU Berlin) arbeiten am Projekt mit: Robert Vief, Henrik Schultze, Daniela Krüger als Wissenschaftliche Mitarbeitende und Jule Benz als studentische Mitarbeiterin.
02	Im Forschungsprojekt A05 – **»Biographien der Mittelschichten«** unter Leitung von Gunter Weidenhaus unter- suchen wir Raumkonstitutionen von Mittelschichtsangehörigen in Kenia und Deutschland. Dabei rekonstruieren wir die relevanten Räume in den Biographien kenianischer und deutscher Mittelschichtangehöriger auf Basis narrativ-biographischer Interviews. Unser Ziel ist es, im Vergleich der Biographien an beiden Orten nach ersten Hinweisen auf eine nicht nur rein ökonomisch gedachte *global middle class* zu suchen. Des Weiteren befragen wir die biographischen Lebensläufe explizit auf typische räumliche Bewältigungsstrategien des Spannungsverhältnisses zwischen Familienleben (Reproduktionssphäre) und Arbeitswelt (Produktionssphäre). Am Projekt arbeiten mit: Eva Korte, Claudia Mock, Jochen Kibel und Louis Speer.

03   Das künstlerische Forschungsprojekt Ö - **»MigraTou-riSpace / Raummigration und Tourismus«** hat innerhalb des SFB 1265 eine Sonderstellung: Es verfolgt einerseits einen eigenständigen künstlerischen Forschungsan-satz und reflektiert gleichzeitig die in den anderen For-schungsprojekten näher bestimmten Raumkonstitutio-nen durch künstlerische Methoden und Medien. Es ist eine Weiterführung von Stefanie Bürkles künstlerischer Arbeit, in der sie sich seit Jahren mit der visuellen Les-barkeit von Stadtraum hinsichtlich gesellschaftlicher Entwicklungen und Konflikte beschäftigt. Unter der künstlerischen Leitung von Stefanie Bürkle arbeiten am Projekt mit: Janin Walter, Ilkin Akpinar, Berit Hummel, Tae Woong Hur und Aaron Lang.

04   Im Forschungsprojekt A01 - **»Geographische Imaginati-onen«** unter der Leitung von Ilse Helbrecht widmen wir uns der Frage, welche geographischen Imaginationen für das Sicherheitsempfinden von Menschen relevant sind. Aktuelle Prozesse, wie die Globalisierung oder Mediatisierung, können zu Veränderung der räumli-chen Vorstellungsweisen führen und Verunsicherungen erzeugen. Daher interessiert uns, welche Rolle sowohl geopolitische Ereignisse als auch alltägliche Räume für das Gefühl von Sicherheit spielen. Dies untersuchen wir anhand der Auswertung von über 160 Interviews, ge-führt in Berlin, Vancouver und Singapur. Am Projekt ar-beiten mit: Carolin Genz, Lucas Pohl, Janina Dobruss-kin und Carl-Jan Dihlmann.

05   Das Forschungsprojekt A02 - **»Bildungsräume«** unter der Leitung von Angela Million untersucht den Wandel des Raumwissens von Kindern und Jugendlichen seit den 1970er-Jahren. Zudem erforschen wir, wie die-ses Raumwissen gegenwärtig von Architekt*innen und Stadtplaner*innen in partizipativen Design- und Pla-nungsprozessen erfasst und genutzt wird. Hierzu analy-sieren wir zum einen 60 vorhandene Studien zu jungen Menschen und »ihren« Räumen; zum anderen begleiten wir Prozesse zur Planung und Gestaltung von öffentli-chen Räumen in Peru, Kolumbien und Deutschland. Die

öffentlichen Räumen in Peru, Kolumbien und Deutschland. Die Mitarbeiter*innen im Projekt sind: Ignacio Castillo Ulloa, Anna Juliane Heinrich, Jona Schwerer und Julian Kaiser.

06   Im Forschungsprojekt A03 – **»Waren und Wissen«** unter der Leitung von Nina Baur und Elmar Kulke untersuchen wir den Ein- und Verkauf von frischem Obst und Gemüse in Berlin. Wir betrachten dabei den Lebensmitteleinzelhandel und seine sozialräumliche Einbettung, die Konsument*innen sowie die Waren selbst. Uns interessiert, wie das (Nicht-)Wissen der beteiligten Akteur*innen, die Organisation der Warenkette, räumliche Anordnungen sowie die Materialität der Frischwaren aufeinander wirken. Zudem betrachten wir, wie strukturelle Rahmenbedingungen und individuelle Handlungen in Beziehung treten. Am Projekt arbeiten mit: Julia Fülling, Hannah Gerdes, Linda Hering und Paula Schmidt-Faber.

07   Das Forschungsprojekt A04 – **»Architekturen des Asyls«** unter der Leitung von Philipp Misselwitz untersucht physisch-materielle und symbolische Aneignungsprozesse von geflüchteten Personen in Notaufnahmeeinrichtungen in Berlin und Flüchtlingslagern in Jordanien. Das Projekt geht davon aus, dass die Extremsituation von Geflüchteten auch Prozesse der Refiguration von Räumen verdeutlicht, die in anderer, teils abgeschwächter Form in Migrationsprozessen allgemein wirken. Am Projekt arbeiten mit: Ayham Dalal und Anna Steigemann sowie die studentischen Mitarbeiter*innen Aline Fraikin, Antonia Noll und Veronica Zapirova.

08   Im Forschungsprojekt C02 – **»Nichtregierungsorganisationen«** unter der Leitung von Johanna Hoerning untersuchen wir die Rolle nicht staatlicher Non-Profit-Organisationen wie NGOs und Interessensverbände in der Wohn- und Asylpolitik. Beide Politikfelder sind durch ein sich veränderndes Zusammenspiel räumlicher Maßstabsebenen (u. a. lokal, national, regional, global) gekennzeichnet. Wir analysieren eine große Bandbreite

von NGOs unterschiedlicher Reichweite, von kleineren, lokalen bis hin zu großen, professionalisierten internationalen Organisationen, was einen breiten Überblick über die Akteurslandschaft und die (räumlichen) Dynamiken innerhalb der Politikfelder erlaubt. Am Projekt arbeiten mit: Theresa Adenstedt, Angela Bertini Schuldt, Florin Keuneke und Paul Welch Guerra.

09   Im Forschungsprojekt C01 - **»Die Grenzen der Welt«** untersuchen wir territoriale Landgrenzen zwischen Staaten. In Abgrenzung zu frühen Annahmen der Globalisierungsdiskussion zur Entgrenzung und zum Bedeutungsverlust von Grenzen geht es um die Untersuchung der Grenze als physisch-gegenständliche Barriere und ihre Wirkung auf die Aneignung von Raum, auf die Organisation von Territorialität und auf die Zirkulation von Personen. Hierzu führen wir eine Vollerhebung aller Landgrenzen durch, welche durch qualitative Fallstudien an stark fortifizierten Grenzen ergänzt wird. Am Projekt arbeiten mit: Steffen Mau (Leitung), Fabian Gülzau, Kristina Korte, Sara Hueber und Zoé Perko.

10   Gegenstand des Forschungsprojekts B02 - **»Zentren der Koordination«** sind Kontrollzentralen und Koordinationszentren, insbesondere von Smart Cities, die mit technischen Informations- und Kommunikationssystemen ausgestattet sind, um spezifische, in einem kontrollierten Raum verteilte Infrastrukturen und Vorgänge zu beobachten, zu protokollieren und zu steuern. Die Projektleitung hat Hubert Knoblauch inne. Am Projekt arbeiten mit: Arne Janz, David Joshua Schröder, Elisabeth Schmidt und René Tuma.

11   Das Forschungsprojekt B03 - **»Smart Cities«** wird von Martina Löw und Jörg Stollmann geleitet. Es untersucht Prozesse der alltäglichen Raumkonstitution und deren Refiguration unter den Bedingungen spezifischer Veränderungen der urbanen Kommunikation durch den Einsatz digitaler Medien. Dabei vereint der interdisziplinäre Ansatz des Projektes soziologische, städtebauliche und kulturwissenschaftliche Fragen.

Untersuchungsgegenstand ist die südkoreanische Stadt Songdo. Das Projektteam bilden: Dominik Bartmanski, Kayoon Kim, Seonju Kim und Timothy Pape.

12 Im Forschungsprojekt B01 – **»Digitales Planen«** unter der Leitung von Gabriela Christmann untersuchen wir Veränderungen im städtebaulichen Planen am Beispiel neuer digitaler Techniken und Kommunikationsmedien weltweit. In den Blick genommen werden dabei verschiedene Handlungsbereiche, insbesondere das digitale planerische Handeln in Geoinformationssystemen und computergestützter Design-Software sowie die kommunikative Planung und der Einsatz von digitalen Visualisierungen. Untersucht werden digitalisierte planerische Prozesse in drei Städten: New York (USA), Lagos (Nigeria) und Frankfurt a. M. (Deutschland). Am Projekt arbeiten mit: Sophie Mélix, Martin Schinagl und Niklas Kuckeland.

13 Im Forschungsprojekt B04 – **»Lokative Medien«** unter der Leitung von Ingo Schulz-Schaeffer untersuchen wir mobile Apps, die auf die Standortfunktionen von Smartphones zugreifen, um Nutzer*innen Informationen zu ihrem aktuellen Aufenthaltsort zu liefern. Beispiele sind mobile Computerspiele wie *Pokémon Go*, Dating-Apps wie *Tinder* oder Such- und Empfehlungsdienste wie *Foursquare City Guide*. Anhand dieser Beispiele erforschen wir, inwiefern solche lokativen Medien die wahrgenommene Zugänglichkeit des Stadtraums modifizieren und Nutzer*innen anregen, unbekannte Orte aufzusuchen und Kontakte zu anderen Menschen herzustellen. Am Projekt arbeiten mit: Eric Lettkemann, Nina Meier, Johanna Weirauch und Lukes Collin

14 Unter der Leitung von Annie Waldherr und Barbara Pfetsch befasst sich das Forschungsprojekt B05 – **»Translokale Netzwerke«** mit digitalen (Stadt-)Öffentlichkeiten. Mit Netzwerkanalysen, automatisierten Inhaltsanalysen und situativen Befragungen untersucht das Projekt, wie sich urbane Räume durch vernetzte Kommunikation konstituieren. Im Fokus stehen die

Twitter-Sphären der Städte Berlin und Jerusalem. Am Projekt arbeiten mit: Daniela Stoltenberg, Alexa Keinert, Hatem Hegab, Florian Zierke sowie als Kooperationspartnerinnen an der Hebrew University of Jerusalem Neta Kligler-Vilenchik und Maja de Vries Kedem.

15   Das Forschungsprojekt C03 – **»Doing Mini-Publics«**, geleitet von Jan-Peter Voß, untersucht das Phänomen deliberativer Mini-Publics, die sich seit den 1970er-Jahren auf der ganzen Welt verbreiten. Mini-Publics basieren auf moderierter Deliberation einer Gruppe repräsentativ ausgewählter Bürger*innen. Ihre Zirkulation konstituiert einen neuen Raum demokratischer Kultur. Auf Basis intensiver Feldbeobachtungen in Mazedonien, Japan, den USA und der Schweiz zeichnen wir nach, wie sich das Modell der Mini-Publics durch verschiedene Orte und Räume bewegt und dabei transformiert und wie Differenzen zwischen Mini-Publics-Praktiken diskursiv repräsentiert werden. Am Projekt arbeiten mit: Jannik Schritt, Volkan Sayman und Michi Hügel.

16   Das **Methoden-Lab**, unter der Leitung von Séverine Marguin, wurde eingerichtet um den Abgleich und die Zusammenführung der unterschiedlichen Methoden zu ermöglichen, die am SFB 1265 zur Raumforschung in und zwischen den Disziplinen genutzt werden. Das Methoden-Lab erfüllt drei Funktionen: (1) die Methodenausbildung für die Doktorand*innen; (2) die Förderung methodologischer Debatten als Querschnittsthema zwischen den Teilprojekten; (3) die Mitwirkung an öffentlichkeitswirksamen Veranstaltungen des SFB. Im Methoden-Lab arbeiten mit: Sarah Etz und Inès Gartlinger.

Biographien

sketching can be great for research —

it can also be counterproductive.

Zu den Künstlerinnen

Graphicrecording.cool wurde 2013 von **Johanna Benz** und **Tiziana Beck** gegründet. Beide Künstlerinnen arbeiten bereits seit ihrem Studium an der Hochschule für Grafik und Buchkunst in Leipzig eng zusammen. Das Duo mit Sitz in Leipzig und Berlin entwickelt individuelle grafische Aufzeichnungsformate für Konferenzen, Workshops, Symposien oder performative Events. Durch den Live-Zeichnungsprozess illustrieren und kommentieren sie Fakten, Ideen, Statements sowie subjektive Bilder mit dem Ziel, neue Verbindungen zwischen visueller und angewandter Kunst, Wissenschaft, Forschung und Bildung herzustellen.

www.graphicrecording.cool

Zu den Herausgeber*innen

Johanna Hoerning ist seit 2021 Vertretungsprofessorin für Stadt- und Regionalsoziologie an der HafenCity Universität Hamburg und war zuvor Gastprofessorin an der TU Berlin für »Soziale Ungleichheit, Politik und Raum«. Im SFB 1265 leitet sie das Forschungsprojekt C02 – »Nichtregierungsorganisationen: Strategien räumlicher Ordnungsbildung«. Ihre Schwerpunkte in Forschung und Lehre liegen auf globaler Stadt- und Raumforschung sowie im Bereich der politischen Soziologie kollektiver Akteur*innen.

Philipp Misselwitz ist Architekt und Städtebauer und leitet seit 2013 das Fachgebiet »Habitat Unit« am Institut für Architektur der TU Berlin. Im SFB 1265 leitet er das Forschungsprojekt A04 – »Architekturen des Asyls« und, zusammen mit Martina Löw, das integrierte Graduiertenkolleg des SFB. In Forschung und Lehre beschäftigt er sich mit der Auswirkung globaler Transformationsprozesse auf Urbanisierung und den sich wandelnden Rollen von Architekt*innen und Planer*innen. Seit 2017 ist er Visiting Professor an der Universität von Witwatersrand, Johannesburg.

Zu den Autor*innen (alphabetisch)

Theresa Adenstedt ist Wissenschaftliche Mitarbeiterin im Forschungsprojekt C02 – »Nichtregierungsorganisationen« des SFB 1265 an der TU Berlin und promoviert als Stipendiatin der Hamburger Stiftung zur Förderung von Wissenschaft und Kultur im Rahmen des Forschungsprojekts »Umstrittene Gewaltverhältnisse. Die umkämpften Grenzen verbotener, erlaubter und gebotener Gewalt in der Moderne«.

Ilkin Evin Akpinar ist Architektin und wissenschaftliche Mitarbeiterin im Projekt Ö – »MigraTouriSpace / Raummigration und Tourismus«. Als Designerin und

Forscherin konzentriert sie sich auf nachhaltige Ansätze der zeitgenössischen Stadtplanung an touristischen Orten.

Gabriel Banks ist seit 2021 studentischer Mitarbeiter am Fachgebiet Bildende Kunst, Prof. Dr. Stefanie Bürkle, am Institut für Architektur der TU Berlin und arbeitet im Projekt Ö – »MigraTouriSpace / Raummigration und Tourismus«.

Jule Benz ist studentische Mitarbeiterin im Forschungsprojekt C04 – »Die Welt in meiner Straße« des SFB 1265 und Masterstudentin am Institut für Sozialwissenschaften der HU Berlin.

Talja Blokland ist Soziologin und Leiterin des Forschungsprojekts »Die Welt in meiner Straße«. Seit 2009 leitet sie den Lehrstuhl für Stadt- und Regionalsoziologie an der HU Berlin. Zu ihren Publikationen zählen *Urban Bonds* (2003) und *Community as Urban Practice* (2017) sowie Aufsätze über Armut, urbane (Un-)Sicherheit, Mittelschichten und Nachbarschaftsbeziehungen sowie Alltagsinteraktionen.

Stefanie Bürkle ist Professorin für Bildende Kunst an der TU Berlin und leitet das Projekt Ö – »MigraTouriSpace / Raummigration und Tourismus«. Als Künstlerin, Stadtforscherin und Kuratorin untersucht sie Themen wie Stadt, künstliche Welten, Fassadenarchitektur und Migration von Raum mit unterschiedlichen Medien wie Malerei, Fotografie und Video.

Ignacio Castillo Ulloa ist Wissenschaftlicher Mitarbeiter am Fachgebiet Städtebau und Siedlungswesen am Institut für Stadt- und Regionalplanung der TU Berlin und im Forschungsprojekt A02 – »Bildungsräume« sowie Koordinator des »exceed DAAD – Global Center of Spatial Methods for Urban Sustainability«.

Gabriela Christmann ist Leiterin des Forschungsprojekts B01 – »Digitales Planen« des SFB 1265 an der TU

Berlin. Sie ist Leiterin der Forschungsabteilung »Kommunikations- und Wissensdynamiken im Raum« am Leibniz-Institut für Raumbezogene Sozialforschung und außerplanmäßige Professorin an der TU Berlin.

Ayham Dalal ist Wissenschaftlicher Mitarbeiter im Forschungsprojekt A04 – »Architekturen des Asyls« des SFB 1265 an der TU Berlin und promovierte im Rahmen des Forschungsprojekts mit der Arbeit »From Shelters to Dwellings – The Zaatari Refugee Camp«.

Carl-Jan Dihlmann ist studentischer Mitarbeiter im Forschungsprojekt A01 – »Geographische Imaginationen«. Nach einem Bachelor in Geographie studiert er im Master Soziokulturelle Studien in Frankfurt (Oder). Er interessiert sich für Raumtheorien der Science and Technology Studies sowie für das Verhältnis von Urbanität und Ruralität.

Janina Dobrusskin ist Wissenschaftliche Mitarbeiterin und Doktorandin in der Kultur- und Sozialgeographie der HU Berlin. Im Forschungsprojekt A01 – »Geographische Imaginationen« arbeitet sie zur Rolle, die Emotionen und Affekte für geographische Imaginationen einnehmen. Zu ihren Forschungsschwerpunkten gehören Machtverhältnisse in der Stadtentwicklung, Grenz- und Migrationsregime sowie feministische Geographien.

Julia Fülling ist Wissenschaftliche Mitarbeiterin im Forschungsprojekt A03 – »Waren und Wissen« des SFB 1265 an der HU Berlin und promoviert dort zum (Nicht-) Wissen von Konsument*innen und der Bedeutung von Herkunftsangaben beim Lebensmittelkonsum.

Carolin Genz ist Wissenschaftliche Mitarbeiterin in der Kultur- und Sozialgeographie der HU Berlin. Als Postdoktorandin forscht sie im Rahmen des Forschungsprojekts A01 – »Geographische Imaginationen«. Die gesellschaftsanalytische Betrachtung sozial-räumlicher Praktiken und die Weiterentwicklung ethnografischer

Methoden in Schnittfeldern der Stadt- und Raumforschung zählen zu ihren Schwerpunkten.

Fabian Gülzau ist Wissenschaftlicher Mitarbeiter am Lehrbereich für Makrosoziologie am Institut für Sozialwissenschaften der HU Berlin. Im SFB 1265 arbeitet er als Postdoktorand im Forschungsprojekt C01 – »Die Grenzen der Welt«. Seine Schwerpunkte umfassen soziale Ungleichheit, Migrationsforschung, politische Soziologie, Familiensoziologie und Computational Social Sciences (CSS).

Anna Juliane Heinrich ist Wissenschaftliche Mitarbeiterin am Fachgebiet Städtebau und Siedlungswesen am Institut für Stadt- und Regionalplanung der TU Berlin und arbeitet im Forschungsprojekt A02 – »Bildungsräume« des SFB 1265 an der TU Berlin.

Ilse Helbrecht ist Professorin für Kultur- und Sozialgeographie an der HU Berlin und leitet das Forschungsprojekt A01 – »Geographische Imaginationen«. Sie wurde 2018 mit der Caroline von Humboldt-Professur ausgezeichnet. Schwerpunkte ihrer Forschung sind Gentrifizierung, internationale Wohnungsmärkte, Superdiversität und Altern sowie Urban Governance.

Linda Hering ist Wissenschaftliche Mitarbeiterin im Forschungsprojekt A03 – »Waren und Wissen« des SFB 1265 an der TU Berlin und beschäftigt sich in ihrer Promotion mit der sozio-technischen Gestaltung von Obst und Gemüse und der Rolle von (Un-)Sichtbarkeit für Bewertungsprozesse im Lebensmitteleinzelhandel.

Tae Wong Hur war von 2018 bis 2020 studentischer Mitarbeiter am Fachgebiet Bildende Kunst, Prof. Dr. Stefanie Bürkle, am Institut für Architektur der TU Berlin und hat in dieser Zeit im Projekt Ö –»MigraTouriSpace / Raummigration und Tourismus« mitgearbeitet.

Arne Janz ist seit 2018 Wissenschaftlicher Mitarbeiter am Fachgebiet Allgemeine Soziologie des Instituts für Soziologie der TU Berlin. Er arbeitet im Forschungsprojekt B02 – »Zentren der Koordination« des SFB 1265. Sein Forschungsschwerpunkt verbindet Wissens- und Raumsoziologie und hat die kommunikative Konstruktion sozialer Räume zum Gegenstand.

Alexa Keinert beschäftigt sich in ihrer Doktorarbeit mit der Entstehung von Kommunikationsräumen durch kommunikative Praktiken der räumlichen Vernetzung. Sie ist Wissenschaftliche Mitarbeiterin im Forschungsprojekt B05 – »Translokale Netzwerke« des SFB 1265 an der FU Berlin.

Eva Korte ist Wissenschaftliche Mitarbeiterin im Teilprojekt A05 – »Biographien der Mittelschichten« des SFB 1265 an der TU Berlin. Kürzlich hat sie ihre Masterarbeit zum Thema »Über den trialektischen Zusammenhang von sozialer Raumzeit, biographischen Spannungen und ihrer Bewältigung« am Institut für Soziologie eingereicht.

Kristina Korte ist Wissenschaftliche Mitarbeiterin am Lehrbereich für Makrosoziologie an der HU Berlin. Sie promoviert im Rahmen des Forschungsprojektes C01 – »Die Grenzen der Welt« des SFB 1265 an der TU Berlin. Zu ihren Schwerpunkten zählen Migration und Integration, Rassismus, Identität, Grenzforschung, Umweltpolitik und Klimawandel.

Daniela Krüger ist Doktorandin am Lehrstuhl für Stadt- und Regionalsoziologie der HU Berlin und Wissenschaftliche Mitarbeiterin im Forschungsprojekt C04 – »Die Welt in meiner Straße«. Ihre Dissertation behandelt Fragen des Zugangs und Wandels gesundheitlicher Versorgung am Beispiel der Notfallmedizin.

Eric Lettkemann ist promovierter Soziologe und Wissenschaftlicher Mitarbeiter im Forschungsprojekt B04 – »Lokative Medien« des SFB 1265 an der TU Berlin. Seine aktuellen Schwerpunkte liegen in der sozialwissenschaftlichen Wissenschafts- und Technikforschung, der Wissenssoziologie und den Methoden der qualitativen Sozialforschung.

Séverine Marguin ist Soziologin und Leiterin des Methoden-Labs des SFB 1265 an der TU Berlin. Sie habilitiert zurzeit zum Verhältnis von Soziologie und Gestaltung. Sie promovierte in Arbeits- und Kunstsoziologie an der Leuphana Universität Lüneburg sowie an der École des Hautes Études en Sciences Sociales, Paris.

Sophie Mélix ist Stadtplanerin und Wissenschaftliche Mitarbeiterin im Forschungsprojekt B01 – »Digitales Planen« des SFB 1265 am Leibniz-Institut für Raumbezogene Sozialforschung. Sie promoviert an der TU Berlin zu digitalen städtebaulichen Visualisierungen.

Angela Million leitet das Fachgebiet Städtebau und Siedlungswesen am Institut für Stadt- und Regionalplanung der TU Berlin und ist Direktorin des »exceed DAAD – Global Center of Spatial Methods for Urban Sustainability«. Sie ist Leiterin des Forschungsprojekts A02 – »Bildungsräume« des SFB 1265.

Antonia Noll studiert im Master Architektur an der TU Berlin und unterstützt das Forschungsprojekt A04 – »Architekturen des Asyls« des SFB 1265 als studentische Hilfskraft.

Timothy Pape ist praktizierender Architekt und Stadtkulturforscher sowie Wissenschaftlicher Mitarbeiter im Forschungsprojekt B03 – »Smart Cities«. Seine 2018 abgeschlossene Promotion »Collective Rhythmic Grouping« am Centre for Cultural Studies, Goldsmiths, London, ist ein interdisziplinärer Ansatz einer ästhetischen Reflexion von urbanen »dynamischen Formen«.

Barbara Pfetsch ist Professorin für Kommunikationswissenschaft an der FU Berlin, Projektleiterin am Weizenbaum-Institut für die Vernetzte Gesellschaft und leitet das Forschungsprojekt B05 – »Translokale Netzwerke«. Ihre Forschungsschwerpunkte sind international vergleichende Untersuchungen von Öffentlichkeit und politischer Kommunikation sowie von Themennetzwerken und Debatten in digitalen Medien.

Lucas Pohl ist Wissenschaftlicher Mitarbeiter am Geographischen Institut der HU Berlin und arbeitet für das Forschungsprojekt A01 – »Geographische Imaginationen«. Allgemeiner interessiert er sich für die Schnittstellen zwischen Geographie, Philosophie und Psychoanalyse mit einem Schwerpunkt auf Sozial- und Raumtheorien, gebauter Umwelt und politischer Praxis.

Volkan Sayman ist Doktorand und Wissenschaftlicher Mitarbeiter an der TU Berlin. Methodische Schwerpunkte sind diskursanalytische, ethnografische und verschiedene Interviewmethoden. In seinem Promotionsprojekt analysiert er, wie aktuelle Experimente mit Zukünften autonomer Mobilität die Gestaltung öffentlicher Räume beeinflussen.

Martin Schinagl ist Stadtanthropologe und Soziologe. Er ist Wissenschaftlicher Mitarbeiter im Forschungsprojekt B01 – »Digitales Planen« des SFB 1265 am Leibniz-Institut für Raumbezogene Sozialforschung der TU Berlin und promoviert zu digitalisierten planerischen Praktiken.

Jannik Schritt ist seit Februar 2019 Wissenschaftlicher Mitarbeiter an der TU Berlin. Er hat Ethnologie studiert und anschließend am Institut für Ethnologie in Göttingen mit einer Arbeit über Erdöl, Macht und Politik in Niger promoviert. Zu seinen Forschungsschwerpunkten gehören Energie und natürliche Ressourcen, Staat und Demokratie sowie Zivilgesellschaft und Protest.

David Joshua Schröder ist seit 2018 Wissenschaftlicher Mitarbeiter am Fachgebiet Allgemeine Soziologie des Instituts für Soziologie der TU Berlin. Er arbeitet im Forschungsprojekt B02 – »Zentren der Koordination« des SFB 1265. Zu seinen Forschungsschwerpunkten gehören Religions- und Wissenssoziologie sowie historische Analysen und Gesellschaftsdiagnosen, dort insbesondere der Wandel sozialer Probleme und sozialer Kontrolle.

Henrik Schultze ist Postdoktorand am Institut für Stadt- und Regionalsoziologie der HU Berlin und Wissenschaftlicher Mitarbeiter im Forschungsprojekt C04 – »Die Welt in meiner Straße« des SFB 1265. Seine Forschungsinteressen umfassen soziale Konstruktionen von Zugehörigkeit, soziale Ungleichheiten und qualitative Forschungsmethoden.

Jona Schwerer ist Soziologe und arbeitet als Wissenschaftlicher Mitarbeiter im Forschungsprojekt A02 – »Bildungsräume« des SFB 1265 an der TU Berlin. Seine Forschungsschwerpunkte liegen insbesondere in der Stadt- und Raumsoziologie.

Anna Steigemann ist als Wissenschaftliche Mitarbeiterin Teil des Forschungsprojekts A04 – »Architekturen des Asyls« des SFB 1265 an der TU Berlin. Seit Oktober 2020 ist sie zudem Vertretungsprofessorin im Fachgebiet »Soziologische Dimensionen von Raum (Raumforschung)« an der Universität Regensburg.

Daniela Stoltenberg ist Wissenschaftliche Mitarbeiterin im Forschungsprojekt B05 – »Translokale Netzwerke« des SFB 1265 an der FU Berlin. Ihre Forschungsinteressen sind digitale Öffentlichkeiten, Kommunikation in Städten und Methoden der Computational Communication Science.

Robert Vief ist Doktorand am Lehrstuhl für Stadt- und Regionalsoziologie der HU Berlin und Wissenschaftlicher Mitarbeiter im Forschungsprojekt C04 – »Die Welt in meiner Straße«. Seine Forschungsinteressen umfassen Schul- und Wohnsegregation, Nachbarschaftseffekte, Nutzungsverhalten von Infrastrukturen in Städten sowie quantitative und raumbezogene Forschungsmethoden.

Annie Waldherr ist Professorin für Computational Communication Science am Institut für Publizistik- und Kommunikationswissenschaft der Universität Wien und Projektleiterin des Forschungsprojekts B05 – »Translokale Netzwerke«. Sie forscht zu digitalisierten Öffentlichkeiten, politischer Kommunikation sowie Technologie- und Wissenschaftsdiskursen mit einem Fokus auf Methoden der Computational Social Science.

Janin Walter ist eine Berliner Künstlerin, Stadtplanerin und künstlerische Mitarbeiterin im Projekt Ö – »MigraTouriSpace / Raummigration und Tourismus«. In ihren künstlerischen Arbeiten setzt sie sich mit »Räumen« unterschiedlicher Art auseinander. 2013/14 hatte sie ein Gastprofessur in Riga an der Fakultät für Architektur der RISEBA.

Gunter Weidenhaus leitet das Forschungsprojekt A05 – »Biographien der Mittelschichten« des SFB 1265 an der TU Berlin und arbeitet aktuell an seiner Habilitation »Die Räume der Welt«. Seit 2018 lehrt er außerdem als Gastprofessor für Raumsoziologie am Institut für Soziologie an der TU Berlin.

Paul Welch Guerra ist freier Journalist mit einem Schwerpunkt auf migrations- und stadtpolitischen Themen. Von 2018 bis 2020 war er als Wissenschaftlicher Mitarbeiter im Forschungsprojekt C02 – »Nichtregierungsorganisationen« des SFB 1265 tätig.

Impressum

Umschlagmotiv: Tiziana Beck und Johanna Benz

Herausgeber*innen: Johanna Hoerning und Philipp Misselwitz
Redaktionelle Mitarbeit: Lucie Bernroider
Zeichnungen: Tiziana Beck und Johanna Benz
Lektorat: Miriam Seifert-Waibel
Gestaltung und Satz: Sara Bock
Lithografie: Bild1Druck Berlin

Gedruckt in der Europäischen Union

Gefördert durch die Deutsche Forschungsgemeinschaft (DFG) –
Projektnummer 290045248 – SFB 1265.

Bibliografische Information der Deutschen Nationalbibliothek
Die Deutsche Nationalbibliothek verzeichnet diese Publikation in der
Deutschen Nationalbibliografie;
detaillierte bibliografische Daten sind im Internet über
http://dnb.d-nb.de abrufbar.

jovis Verlag GmbH
Lützowstraße 33
10785 Berlin

www.jovis.de

jovis-Bücher sind weltweit im ausgewählten Buchhandel erhältlich.
Informationen zu unserem internationalen Vertrieb erhalten Sie von
Ihrem Buchhändler oder unter www.jovis.de.

ISBN 978-3-86859-721-9 (Softcover)
ISBN 978-3-86859-993-0 (PDF)